오싹오싹 아주 가까운 미래의 무서운 이야기
지구와 우주

북장단

들어가며

여러분은 '무서운 이야기'라고 하면 무엇이 떠오르나요?

아마 귀신이나 괴물이 나오는 이야기를 생각할 텐데요. 이 책에는 그런 건 하나도 나오지 않습니다. 하지만 똑같이 '무서운 이야기'예요.
제1장 지구편에서는 우리 주변에서 일어나고 있는 무서운 일들을 주로 소개할 거예요. 만약 '거대 지진이 일어나면 어떻게 될까요?' 또는 '가까운 미래에 물이 부족해지면 어떻게 될까요?' 처럼 얼핏 보면 느낌이 잘 오지 않을 수 있지만 곰곰이 생각해 보면 우리 일상과 밀접한 무서운 이야기들이지요.

그리고 두 번째, 제2장 우주편에서는 여러분들이 가 본 적 없는 우주의 무서운 이야기를 소개할 거예요. 사실 우주에는 아직 밝혀지지 않은 부분들이 많아요. 물론 여기서도 귀신이나 괴물은 나오지 않아요. 그래도 '잘 모르는 것', '헤아릴 수 없는 것'은 생각보다 훨씬 무섭답니다.

이 책을 읽은 뒤에 잠시 생각해 보는 시간을 가지면 어떨까요?
특히 지구편은 우주편과 달리 가까운 미래에 일어날 가능성이 높은 일들이에요. 어쩌면 그 생각의 시간이 무서운 이야기를 미래에는 무섭지 않은 이야기로 바꿔 줄지도 몰라요.

민수(10살)

곤충 채집과 게임을 좋아하는 초등학교 4학년 남자아이이다. 까불까불하고 공부를 싫어하지만, 무서운 이야기는 아주 좋아한다.

아윤(10살)

멋부리기와 단것을 좋아하는 초등학교 4학년 여자아이이다. 알고 보면 별자리와 우주 이야기에 관심이 많다.

미래인

지구의 위기를 알리기 위해 미래에서 온 미래인. 민수와 아윤에게 무서운 이야기를 들려준다.

CONTENTS

제1장 지구

1. 6번째 '대멸종'으로 인류도 멸종할지 모른다 ········ 006
2. 코로나뿐만이 아니다! 팬데믹은 다시 일어난다? ········ 008
3. 언제일지는 알 수 없지만 거대 지진이 반드시 일어난다! ········ 010
4. 대규모 화산 때문에 도시 기능이 마비될 수도? ········ 012
5. 전쟁과 폭력이 사라지지 않아 지금도 목숨을 잃는 사람들이 있다 ········ 014
6. 화석연료를 계속 사용해서 지구 온난화가 멈추지 않는다 ········ 016
7. 영구동토가 녹으면 온난화가 더 심해진다! ········ 018
8. 해수면 상승으로 바다에 가라앉는 나라가 생긴다? ········ 020
9. 음식의 종류와 양이 줄어든다 ········ 022
10. 음식을 버리는 식품 낭비가 많아진다 ········ 024
11. 지구를 더럽히는 유해 화학물질① 대기오염으로 질병이 늘어난다 ········ 026
12. 지구를 더럽히는 유해 화학물질② 흙과 물의 오염으로 질병이 증가! ········ 028
13. 미세플라스틱이 몸속에 점점 쌓인다! ········ 030
14. 극단적인 날씨와 자연재해가 늘어난다! ········ 032
15. 생선, 채소, 과일의 원산지가 달라진다! ········ 034
16. 세계유산이 사라진다! ········ 036
17. 기후변화와 자연재해로 빈곤층은 더욱 가난해진다 ········ 038
18. 가난한 나라에 대한 부자 나라의 도움이 부족하다 ········ 040
19. 아기와 엄마, 살릴 수 있는 목숨도 잃게 된다 ········ 042
20. 마실 물이 부족해진다! ········ 044
21. 농작물을 길러 내는 데 필요한 물이 부족해진다! ········ 046
22. 화장실이 부족하다! ········ 048
23. 외래종이 생태계를 위협한다! ········ 050
24. 수많은 동물과 식물이 멸종 위기에 놓였다! ········ 052
25. 바다의 균형이 깨져서 엉망진창이 된다? ········ 054
26. 갯벌을 지키지 않으면 바다의 생태계가 사라진다? ········ 056
27. 한반도 넓이 8배의 숲이 사라졌다? ········ 058
28. 급속한 사막화로 식량과 물이 부족해진다 ········ 060
29. 숲과 습지가 줄어들어 육지 생태계가 파괴된다 ········ 062

칼럼: 지구가 쓰레기장이 된다! ········ 064

제2장 우주

1. 아름다운 것에는 가시가 있다?
   금성의 구름은 진한 황산 ……… 066

2. 가스 비와 금속 비…
   비의 종류는 별에 따라 다르다 …… 068

3. 좋은 조짐일까, 나쁜 조짐일까?
   혜성에 휘둘린 사람들 ………… 070

4. 화성의 지형은 차원이 다르다?
   아주 깊은 골짜기와 아주 높은 산 … 072

5. 너무 커서 볼 수 없었던
   토성의 엄청난 고리 …………… 074

6. 금속 그 자체가 천체,
   소행성 프시케 탐사 …………… 076

7. 아득히 먼 미래에 달은 더 이상 움직이지 않게 된다? ………… 078

8. 보석이 통째로 행성으로! 다이아몬드 별이 존재한다 …………… 080

9. 항성이 죽음을 맞이하면 단단히 뭉친 천체가 된다 …………… 082

10. 끝없이 펼쳐진 은하계는 한 바퀴 도는 데에 2억 년 걸리는 넓이 … 084

11. 블랙홀 속에서는 모든 것이 스파게티가 된다 ……………… 086

12. 제2의 지구는 수없이 많다,
    지적 생명체가 있을 가능성도 …… 088

13. 우주의 95%는 밝혀지지 않았다,
    수수께끼 물질이 가득 ………… 090

14. 점점 더 커지는 우주는 나중에 어떻게 될까? ………………… 092

15. 새로운 별자리 등장!
    이름하여 뱀주인자리 ………… 094

16. 별은 자유롭게 움직인다,
    가까운 미래에 별자리도 달라질까? … 096

17. 북극성은 하나가 아니다?
    시대에 따라 달라졌다 ………… 098

18. 운석은 갑자기 찾아온다,
    소행성이 충돌하는 날 ………… 100

19. 감마선 폭발에 맞아서 지구가 사라져 버릴지도? …………… 102

20. 가까이에서 초신성 폭발이 일어난다면? 오른쪽 어깨를 잃은 오리온자리 104

21. 지구가 얼음별이 되는 날,
    '눈덩이 지구'는 다시 찾아올까? … 106

22. 대규모 태양 플레어가 인간 사회를 파괴한다! ……………… 108

23. 지구는 커다란 자석, 자장이 우리를 지켜 준다 …………… 110

24. 거대 분자구름과 만나면 지구는 어떻게 될까? ……………… 112

25. 적색거성이 되는 태양! 언젠가 지구를 집어삼킨다? ………… 114

26. 미지의 생명체나 바이러스가 태양계 바깥에서 날아온다? …… 116

27. 우주도 지구와 마찬가지!
    인공위성 사고가 날 수 있다 …… 118

28. 밀집성이 불러오는 상상하기 싫은 미래 ……………………… 120

29. 인공빛이 방해한다? 더 이상 볼 수 없는 은하수 …………… 122

30. 우주를 떠다니는 작은 바위, 그것이 우리가 사는 지구 ……… 124

제1장
지구 편

무서운 이야기는 우리 주변에 엄청 많아!

지구 편

⭐1
6번째 '대멸종'으로 인류도 멸종할지 모른다

6번째 '대멸종'은 인간 때문에 일어난다?

우리 인간은 지구상의 수많은 생물로부터 식량뿐만 아니라 물과 공기, 옷과 집 재료를 얻어서 살아가고 있어요. 만약 이 지구상에 오직 인간만 남는다면 과연 어떻게 될까요? 생각해 볼 필요가 있겠지요.

우리들 '인간'이 일으킬 대멸종

 특정한 종류의 생물들(생물종)이 지구상에서 사라지는 일을 '멸종'이라고 합니다. 또 280만 년 사이에 75% 이상의 생물종이 멸종하는 일을 '대멸종'이라고 하는데요. 사실 지구는 이제까지 5번의 대멸종을 겪었어요.

 지구에 생명(세포)이 탄생한 후로 약 35억 년이 지났는데, 그동안 ①오르도비스기 말(4억 4,500만 년 전/빙하기 시작), ②데본기 후기(3억 7,000만 년 전/숲의 탄생), ③페름기 말(2억 5,200만 년 전/대규모 화산 분화), ④트라이아스기 말(2억 100만 년 전/대규모 화산 분화), ⑤백악기 말(6,600만 년 전/거대 운석 충돌)에 대멸종이 일어나 생물 대부분이 사라진 적이 있어요. 그중 가장 최근은 백악기 대멸종으로 이 대멸종으로 인해 전성기를 누리던 공룡이 멸종하게 되었죠. 그리고 현재는 놀랍게도 '인간이 지구에 6번째 대멸종을 일으키고 있을지도 모른다'라고 여겨지는데요.
 우리는 지구상의 수많은 생물로부터 식량, 물, 공기, 옷과 집 등의 재료를 얻어서 살아가고 있어요.

 만약 이 지구상에 인간, 인간이 기르는 가축, 인간이 재배하는 농작물만 존재하게 된다면 과연 우리는 살아남을 수 있을까요? 이는 우리 인간의 멸종으로 이어질지도 모릅니다. 인간과 지구상의 수많은 생물이 멸종하는 일을 막기 위해 세계 여러 나라들이 약속한 내용을 '지속가능발전목표(SDGs)'라고 해요.

제1장 지구편

인간 때문에 지구가 멸망한다고!?

지구 편

2

코로나뿐만이 아니다! 팬데믹은 다시 일어난다!

작고 친숙하지만 사실은 위험한 생물?

전 세계에서 사람을 가장 많이 죽이는 생물은 모기입니다. 모기가 옮기는 뎅기열은 매년 전 세계에서 3억 9,000만 명을 감염시키고 그중 약 2만 명이 목숨을 잃지요. 2023년 전 세계 감염자는 2022년보다 28% 늘어났어요.

순식간에 전 세계로 감염이 퍼져 나간다!

2020년 신종 코로나바이러스 감염증(코로나19)이 세계를 커다란 혼란에 빠뜨렸어요. 세계보건기구(WHO) 통계(2025년 1월 기준)에 따르면 코로나19의 누적 확진자 수는 약 7억 7,734만 명, 누적 사망자 수는 약 708만 명이었어요. 너무나도 무서운 팬데믹(세계적 대유행)이었지요.

코로나19가 유행하는 동안 우리의 일상은 많이 제한되었는데요. 학교에서는 운동회와 수학여행 같은 행사를 취소하기도 하고, 마스크를 필수로 착용해야 했어요. 2025년이 된 지금도 감염은 계속 되고 있지만 다행히 우리는 예전의 일상을 되찾았습니다. 하지만 앞으로는 코로나19와 같은 팬데믹이 일어나기 쉬워질 것이라는 예측도 나오고 있어요.

그 이유는 뭐니 뭐니 해도 교통의 발달이에요. 14세기 유럽에서 대유행한 흑사병, 20세기 초 대유행한 스페인 독감 등 과거에도 팬데믹은 여러 번 일어났어요. 다만 지금만큼 교통이 발달하지 않았기 때문에 세계로 감염이 확산하는 데에 몇 달에서 몇 년의 기간이 걸렸지요. 하지만 현재는 비행기를 타면 단 하루 만에 지구 어디로든 이동할 수 있어요. 감염력이 강한 전염병이 한 번 발생하면 전염병은 그 정비된 교통망을 타고, 충분한 대책을 세울 여유가 없을 만큼 빠르게 전 세계로 퍼져 나가는 겁니다.

코로나19 대유행을 교훈으로 삼아 팬데믹을 최소한으로 억제하는 시스템을 만들 필요가 있어요.

※출처: WHO

지구 편

3
언제일지는 알 수 없지만 거대 지진이 반드시 일어난다!

전문가조차 예측할 수 없으므로 평상시 준비가 중요

지진을 막을 수는 없어요. 그렇기에 평소 지진에 대비하는 일이 중요하지요. 식량 등의 비축품, 피난을 위한 비상용 물품 등이 잘 준비되어 있는지 가족에게 물어봅시다.

일본에 지진이 많은 이유는 4개의 판 때문이다

한국 바로 옆에 있는 이웃 나라 일본은 흔히 '지진의 나라'라고 불려요. 2024년 1월 1일에도 최대 진도 7을 기록한 노토반도 지진이 일어났지요.

그런데 일본은 지진이 왜 이렇게 잦을까요? 지구는 10장이 넘는 판(거대한 암반)으로 덮여 있습니다. 판은 1년에 몇 cm씩 이동해서 서로 부딪치기도 하고, 바다 쪽 판(해양판)이 땅 쪽 판(대륙판) 밑으로 파고들기도 하는 등 가지각색으로 움직이지요. 해양판이 밑으로 파고들면 그 위에 있는 대륙판의 가장자리가 함께 끌려 들어가는데요. 이때 대륙판에는 원래 상태로 돌아가려는 힘이 작용하고, 그 힘 때문에 대륙판이 격렬하게 제자리로 돌아갈 때 지진이 일어납니다. 이 지진을 '판 경계 간 지진'이라고 해요.

또 해양판에 밀린 대륙판은 내부에서 강한 압력을 받아요. 이 압력으로 암반의 약한 부분이 부서져 어긋나면서 지진이 발생할 수도 있어요. 이 지진은 '직하형 지진'이라고 해요. 사실 일본은 판 4장이 모인 위치에 있지요. 그래서 지진이 발생하기 쉬워요.

판 경계 간 지진과 얕은 위치에서 시작되는 직하형 지진은 거대 지진이 되어 대규모 피해를 일으킬 수 있습니다. 지진을 막을 방법이나 지진의 시기를 정확히 예측할 기술은 아쉽게도 아직 존재하지 않아요. 언제일지는 알 수 없지만 거대 지진이 반드시 일어날 수 있습니다.

제1장 지구편

지진의 원인은 판이구나!

지구 편

④ 대규모 화산 때문에 도시 기능이 마비될 수도?

그 유명한 백두산도 분화한 적이 있다!

그 유명한 백두산도 분화한 적이 있다!
지난 1만 년 이내에 분화한 적이 있는 화산, 또는 지금 활발히 활동하는 화산을 '활화산'이라고 해요. 백두산은 946년에 '천년 분화'라고 불리는 거대한 폭발이 있었어요. 이 폭발은 역사상 가장 강력한 화산 폭발 중 하나로 꼽힌답니다.

생명의 위험 외에도 수많은 불편이 있다

한국인들에게 백두산은 단순히 화산 이상의 의미를 가지고 있어요. 한민족의 정체성을 상징하는 산으로, 역사와 문화적으로 중요한 장소입니다. 백두산은 북한과 중국의 국경에 걸쳐 있으며, 많은 이들이 그 아름다움을 보기 위해 중국을 통해서 가지요. 또한 백두산 천지는 세계적으로도 독특한 자연 경관을 자랑합니다. 하지만 백두산이 가지고 있는 잠재적인 분화 위험성을 간과해서는 안 돼요.

백두산의 분화와 관련된 역사적 기록 중 가장 유명한 것은 앞서 언급한 946년 천년 대분화입니다. 당시 백두산에서 분출된 화산재와 가스는 한반도뿐만 아니라 일본에서도 관측되었다고 전해집니다. 현재도 그 흔적을 가지고 지질학적으로 연구하고 있어요.

백두산 분화는 단순히 한국과 중국에 국한된 문제가 아니에요. 대규모 분화가 발생하면 북한 지역과 중국 동북 지역의 주요 도시들도 큰 영향을 받을 수 있으며, 이는 국제적인 경제 및 정치적 위기로 이어질 가능성이 있지요. 현대사회에서 백두산의 화산재가 한반도와 중국 북동부 지역으로 퍼지면 철도, 도로, 공항 등의 주요 인프라가 마비되고, 전력 및 통신망의 장애도 발생할 수 있어요.

한국과 중국은 백두산 화산 관측을 위한 국제적 협력을 진행 중이며, 특히 지진과 지열 활동에 대한 감시 체계를 강화하고 있어요. 이는 분화 가능성을 조기에 파악하여 피해를 최소화하기 위한 노력의 일환입니다.

제 1 장 지구편

백두산은 멋있지만 분화는 싫어~

지구 편

5

전쟁과 폭력이 사라지지 않아 지금도 목숨을 잃는 사람들이 있다

지금도 세계 어딘가에서
전쟁과 분쟁이 일어나고 있다.

러시아가 우크라이나를 침공했다는 뉴스가 TV에 나왔는데, 뉴스에 나오지 않는 전쟁과 분쟁도 전 세계에서 일어나고 있어요. 전쟁과 분쟁은 때로 수많은 사람의 목숨을 앗아갑니다. 그중에 어린이들이 포함되는 일도 있지요.

분쟁의 평화로운 해결은 너무나도 어렵다

2022년 2월 24일 러시아가 우크라이나에 대한 군사 침공을 시작했어요. 두 나라의 전쟁은 3년이 지난 지금도(2025년 1월 기준) 계속되고 있는데요. 양쪽 정부 모두 자국의 전사자 수를 공표하지 않았지만 두 나라를 합쳐서 50만 명 이상이 목숨을 잃었다고 보도하는 매체(※1)도 있어요.

전쟁과 내전 등의 분쟁은 수많은 사상자를 낳을 뿐 아니라, 자연을 파괴하고 이산화탄소를 배출하는 등 환경에도 커다란 타격을 주지요. 게다가 러시아는 5,000발 이상의 핵탄두를 보유한 세계 최고의 핵무기 보유국(※2)이에요. 제2차 세계대전 때 히로시마와 나가사키에 떨어진 원자폭탄은 단 2발로 50만 명 이상(후유증 포함)의 목숨을 빼앗았습니다. 만약 러시아가 핵무기를 사용하면 더 많은 사상자와 환경 파괴가 발생하고 말 거예요.

그 외에도 이스라엘과 팔레스타인의 분쟁, 시리아 내전 등 세계에는 해결되지 않은 여러 분쟁이 있어요. 대립의 이유는 종교의 차이, 민족과 문화의 차이 등으로 다양한데요. 뿌리 깊은 문제가 많아서 평화로운 해결을 향해 나아가기가 너무나도 어렵습니다.

한편 개인 간에 발생하는 폭력 중에서는 약자인 어린이들을 대상으로 한 사례들이 특히 심각해요. 유엔 기관인 유니세프에 따르면 폭력으로 목숨을 잃는 어린이가 5분에 1명 꼴로 나온다고 합니다. 또 전 세계의 5세 미만 아이들 4명 중 1명은 출생 등록이 되어 있지 않아요. 법적으로 '존재하지 않는 아이'이기 때문에 예방접종이나 사건에 휘말렸을 때의 재판 등, 마땅히 받아야 할 서비스를 받지 못하고 있어요.

※1 출처: 뉴욕타임스
※2 출처: BBC

제1장 지구편

어떤 이유든 전쟁은 안 돼!

지구 편

6
화석연료를 계속 사용해서 지구 온난화가 멈추지 않는다

원자력발전에도
의존하지 않는 미래를 향해

원자력발전은 이산화탄소를 만들어 내지 않아요. 하지만 사용이 끝난 연료인 방사성 폐기물이 인체에 해롭지 않은 수준까지 약해지는 데에는 10만 년이라는 아득히 긴 세월이 걸리지요. 보관할 곳도 한정되어 있기 때문에 화석연료와 원자력에 모두 의존하지 않는 에너지원이 필요해요.

온난화의 원인은 온실가스

유럽에서는 18세기 중반부터 19세기에 걸쳐 산업혁명이 일어났어요. 생산기술이 급격히 진보했지만 동시에 다양한 환경 문제의 원인인 지구 온난화가 일어나게 됐지요.

지구의 평균 기온은 산업혁명 이전과 비교해 1.4도 이상이나 높아졌어요. COP(유엔 기후변화 협약 당사국총회)라는 회의에서는 지구를 파멸로 몰아넣을 기후변화를 피하기 위해 '기온이 1.5도보다 더 많이 상승하지 않도록 한다'라는 목표를 정했습니다. 하지만 2023년의 세계 기온은 산업혁명 이전보다 1.52도 더 높아지고 말았어요.

온난화의 원인은 '온실가스'라는 기체입니다. 대표적으로 이산화탄소가 있지요. 이산화탄소는 지상에서 발생하는 열을 대기 중에 붙잡아 두는 작용을 하기 때문에, 이산화탄소가 늘어나면 온난화가 심해지고 말아요. 이산화탄소는 석유와 석탄 등의 화석연료를 태울 때 많이 발생하는데요. 그래서 지금 각 나라에서는 석유 연료를 줄이려고 노력하고 있어요.

이산화탄소를 내보내지 않는 연료로는 태양광, 풍력, 수력 등 '재생에너지'가 있지요. 하지만 안타깝게도 재생에너지로의 전환은 생각만큼 잘 이루어지지 않고 있어요. 전 세계 발전소의 에너지원 중 약 80%는 화석연료고, 한국도 2023년 기준 60.8%가 화석연료를 이용한 화력발전에 의존하고 있어요. 이대로 가면 이산화탄소를 줄이지 못해서 지구 온난화가 계속 진행될 거예요.

제1장 지구편

지구 온난화는 여러 나쁜 영향을 미친다

기후와 온도 변화 때문에 생태계에도 위기가 찾아온다

기온이 높아지면 폭우로 인한 홍수나 가뭄이 일어나, 다양한 동식물로 이루어진 생태계도 나쁜 영향을 받게 됩니다. 농작물의 수확도 줄고, 멸종하는 동물도 늘어나지요.

지구 편

7
영구동토가 녹으면 온난화가 더 심해진다!

북극에 있는 얼음 밑에서 메탄이 발생할지도?

온난화의 영향으로 북극권의 영구동토가 녹기 시작했어요. 그래서 그곳에 잠들어 있던 먼 옛날의 동식물 사체들이 모습을 드러낼 가능성이 있다고 해요. 그 때문에 메탄이 대량으로 발생할지도 몰라요.

영구동토에 잠든 대량의 메탄

온실가스에는 이산화탄소만 있는 게 아니에요. 메탄은 이산화탄소보다도 온난화에 더 큰 영향을 주는 기체인데요.

2021년 한국 온실가스의 총배출량은 약 6억 7천만 톤이었어요. 그중 이산화탄소는 91.31%라는 압도적인 비율을 차지했고 메탄은 겨우 4.03%였지요(※1). 하지만 메탄의 온실효과는 이산화탄소의 약 25배랍니다. 이산화탄소뿐만 아니라 메탄의 배출량을 줄이려는 노력이 필요해요.

탄소를 함유한 화합물을 유기물이라고 하는데, 이 유기물이 미생물에 의해 발효될 때 메탄이 생겨나지요. 구체적으로는 천연가스 채굴 과정, 폐기물, 동물 사체, 소를 비롯한 가축의 트림 등에서 생겨나는데요. 소의 트림에도 메탄이 들어 있다니 놀랍지만, 소의 위 속에는 메탄을 만들어 내는 미생물이 있어요. 전 세계에서 키우는 소는 15억 마리가 넘기 때문에 가축의 트림 속에 있는 메탄은 세계 전체의 온실가스 중 무려 4%나 차지한답니다. 그래서 소가 트림을 덜 하도록 소화가 잘되는 먹이의 개발이 이루어지고 있을 정도예요.

하지만 이런 노력들이 아무 소용이 없어질 가능성이 있는데요. 북반구의 영구동토(툰드라)에는 먼 옛날 죽은 동식물들의 사체가 있어서 대략 1조 7천억 톤의 탄소가 갇혀 있기 때문이에요(※2). 온난화로 영구동토가 녹기 시작하면 메탄이 대량으로 발생해서 온난화가 더욱 심해지는 악순환이 일어날 위험이 있어요.

※1 출처 : 국가통계포털 국가 온실가스 분야별 배출량 추이
※2 출처 : AFP

지구 편

⑧ 해수면 상승으로 바다에 가라앉는 나라가 생긴다?

사진: Robert Harding/아프로

가라앉게 될 섬은 투발루뿐만이 아니다

남태평양에 있는 작은 섬나라 투발루는 최대 해발고도가 4~6m 정도예요. 그래서 지구 온난화로 인한 해수면 상승 때문에 바다에 가라앉고 말 거라고 해요. 사실 몰디브와 피지 등의 섬나라에도 똑같은 위험이 다가오고 있지요.

육지의 얼음이 녹아 해수면이 높아진다

남태평양의 투발루라는 작은 섬나라는 21세기 동안 국토의 95%를 잃을 걸로 예측돼요. 해수면 상승으로 바다에 가라앉을 것이기 때문이에요. 온난화가 진행되면 육지의 얼음이 녹아 바다로 흘러들고, 바닷물의 온도가 높아져서 부피가 늘어나게 되지요. 그렇게 되면 해수면이 높아지고 말아요.

1901년에서 2018년에 걸쳐 전 세계의 해수면은 약 20cm 상승했어요. 이대로 가면 2100년에는 해수면이 32~62cm 상승하고, 온난화가 더 빨라진다면 1m 넘게 상승할 위험도 있다고 합니다. 평균 해발고도가 약 1.5m인 투발루 외에도, 바다에 가라앉을 위험이 있는 나라나 섬은 몰디브와 피지 등 여러 곳이에요.

한국도 결코 예외가 아닌데요. 한국의 해수면도 지난 35년간 평균 10.7cm 높아졌고, 점점 더 속도가 빨라지고 있다고 해요(※). 만약 해수면이 34cm 높아지면 여의도 면적의 약 83배에 달하는 땅이 바다에 잠기게 되고, 72cm 높아지면 여의도의 약 119배에 달하는 땅이 잠길 것으로 예측하고 있어요. 생물 다양성이 풍부한 갯벌도 없어질 위험이 있고요. 생태계가 커다란 영향을 받는 거지요.

지구상의 얼음 중 90%는 남극 대륙에 있습니다. 남극 얼음의 두께는 평균 2,450m이고, 가장 두꺼운 부분은 4,500m로 백두산(2,744m)의 높이보다도 두꺼워요. 만약 남극의 얼음이 전부 녹으면 지구의 해수면은 약 60m나 높아질지도 몰라요.

※ 출처: 국립해양조사원

제1장 지구편

밖으로 나가면 곧바로 수영하게 될지도 몰라.

지구 편

9

음식의 종류와 양이 줄어든다

음식이 있는 것만 해도 고마운 일? 세상에는 굶주리는 사람들도 있다

음식을 충분히 먹지 못하는 사람의 수(기아 인구)는 7억 3,500만 명(2022년)이에요. 많은 곡식이 가축 사료로 쓰이는 한편, 전 세계에서는 열 명 중 한 명이 제대로 먹지 못해 고통받고 있어요.

고기나 라면을 먹지 못하게 된다?

세계 인구는 계속 늘어나고 있습니다. 1950년에는 약 25억 명이었던 인구가 50년 후인 2000년에는 60억 명을 넘어섰어요. 2058년쯤에는 100억 명을 넘을 것으로 예상되고요(2024년 2월 시점의 세계 인구는 약 80억 명(※1)).

인구 증가에서 걱정되는 점은 고기의 소비량도 증가한다는 건데요. 소, 돼지, 닭 같은 가축을 키우기 위해서는 대량의 곡식이 먹이(사료)로 필요해요. 예를 들어 소고기 1kg을 생산하는 데에 필요한 사료의 양은 무려 그 10배를 넘는 11kg이에요. 고기의 소비량은 생활이 풍요로운 선진국일수록 많은데, 앞으로 개발도상국이 성장해 식생활 수준이 올라가면 전 세계의 고기 소비량이 더욱 늘어나고 사료로 쓸 곡식도 더 많이 필요해지겠지요. 그 결과 우리가 주식으로 삼을 곡식이 부족해질 뿐 아니라, 고기를 먹을 기회마저도 줄어들지 몰라요.

또 한국의 경우는 2021년 기준으로 식량 자급률이 약 45.8%(※2)로 낮아서 식량의 절반 이상을 수입에 의존한다는 점도 문제예요. 한국은 식량을 국내에서만 조달할 수 없어서 외국에서 많은 식자재를 수입하고 있는데요. 만약 어떤 이유로 수입이 멈춰 버리면 한국인이 먹을 수 있는 음식이 크게 줄어들고 말 거예요. 예를 들어 밀은 74%가 수입이기 때문에 밀로 만드는 빵이나 면류(우동, 파스타, 라면 등)를 먹지 못하게 될 가능성이 있어요. 식량 부족은 가난한 나라의 문제라고 생각하기 쉽지만, 식량 자급률이 낮은 선진국도 결코 예외가 아닙니다.

※1 출처: 유엔
※2 출처: 한국 농림축산식품부

내가 좋아하는 케이크를 못 먹게 될지도…?

지구 편

☆ 10

음식을 버리는 식품 낭비가 많아진다

매일 버려지는 음식물들

버려지는 음식물 쓰레기, 2030년까지 배출양을 줄이자.

2023년에 1인당 발생한 음식물류 폐기물 양은 매일 0.25kg이며, 2022년 대비 3.8% 감소(※1)하였지만 그래도 여전히 많은 음식들이 버려지고 있어요. 그래서 서울시는 2030년까지 음식물 쓰레기를 20% 줄이는 목표를 세웠어요.

음식물 쓰레기 문제는 전 세계의 문제이다

앞서 식량 부족의 위험성을 소개했지요. 음식은 인간이 살아가는 데에 꼭 필요한, 소중한 에너지원이에요. 하지만 안타깝게도 남은 음식을 버리는 식품 낭비 문제가 좀처럼 해결되지 않고 있습니다. 세계자연기금(WWF)에 따르면 2021년 전 세계의 식품 낭비량은 25억 톤이었어요. 그해에 생산되고 재배된 모든 식품 중 약 40%가 그냥 버려진 거예요.

식품 낭비가 많은 곳은 중국과 인도처럼 인구가 많은 나라도 있지만, 나이지리아와 콩고 민주공화국처럼 식품 관리 기술이 부족한 아프리카 나라도 있어요. 그리고 미국과 한국처럼 식생활 수준이 높아 식품을 지나치게 많이 소비하는 선진국도 예외는 아니에요. 여러 나라가 각기 다른 이유로 식품을 낭비하는 거지요.

2023년 가정에서 발생한 음식물류 폐기물 양은 약 444만 톤이었어요. 2022년에는 500만 톤으로 2023년에 발생한 음식물류 폐기물 양은 조금 줄긴 했지만, 그래도 여전히 버려지는 음식물들이 많은 것은 사실이에요. 우리는 환경을 위해서라도 음식물 쓰레기 양을 줄일 필요가 있어요.

유엔환경계획(UNEP)에 의하면 음식물 쓰레기의 60%가 가정에서 발생한다고 해요. 가정의 식품 낭비는 음식을 너무 많이 만들지 않기, 음식 남기지 않기, 냉장고에 음식 방치하지 않기 등을 통해서 줄여 나가요.

※1 출처: 환경부 자원순환마루 환경통계정보

지구 편

11
지구를 더럽히는 유해 화학물질 ①
대기오염으로 질병이 늘어난다

커다란 문제가 된 미세먼지

공장에서 나오는 해로운 화학물질 탓에 대기가 오염되고, 사람들이 병에 걸려요. 특히 한국에서는 미세먼지로 인해 많은 피해가 발생해요. 세계에서는 이런 대기오염으로 수많은 사람이 목숨을 잃고 있어요.

공업화가 급격한 개도국에서 심해지고 있다

온실가스와 마찬가지로, 대기오염의 원인인 유해 화학물질이 늘어나는 것도 문제예요. 공장과 자동차에서 나오는 배기가스에는 다양한 유해 화학물질이 들어 있답니다. 이런 물질을 들이마시면 목구멍과 폐 등에 병이 생기고 폐암에 걸리기 쉬워진다고 해요. 세계보건기구(WHO)에 따르면 매년 약 700만 명이 대기오염으로 목숨을 잃는다고 해요.

대기오염은 주로 공업화와 도시화가 급격히 이루어지는 개발도상국에서 심해지고 있어요. 한국에서도 고도 경제 성장기 때 대기오염으로 건강 문제가 생겨났지요. 특히 2019년 기준, 한국의 초미세먼지 농도는 경제협력개발기구(OECD) 국가 중 최악 수준으로 평가되었어요. 이는 화력발전소, 산업 활동, 자동차 배기가스, 그리고 중국에서 유입되는 미세먼지 등이 복합적으로 작용한 결과예요. 특히 봄에는 황사와 겹쳐 호흡기가 약한 사람은 외출을 자제하라는 뉴스가 자주 나오죠.

대기오염과는 다르지만, 제주도에서 매년 봄마다 문제가 되는 삼나무 꽃가루 알레르기도 인간이 불러온 질병이에요. 일제강점기 때부터 제주도에는 방풍림 목적으로 삼나무를 많이 심었어요. 삼나무는 원산지인 일본보다 제주도에서 더 잘 자랐어요. 이렇게 너무 많이 심은 삼나무 탓에 지금은 제주도민의 20퍼센트가 삼나무 꽃가루 알레르기를 가지고 있다고 해요. 이렇게 무분별한 공업 발전 못지않게 자연의 균형을 고려하지 않은 무분별한 식목 활동도 인간에게 해를 끼칠 수 있어요.

지구 편
12
지구를 더럽히는 유해 화학물질 ②
흙과 물의 오염으로 질병이 증가!

유해 화학물질은 물과 흙마저 오염시킨다

유해 화학물질은 공기뿐만이 아니라 물과 흙도 오염시킵니다. 그렇게 되면 물속의 물고기와 밭에서 자란 채소 등도 영향을 받지요.
경제 성장을 우선하며 환경 문제를 나중으로 미뤄 뒀던 한국에서는 이런 일이 많이 일어났어요.

많은 피해를 낳은 온산병과 낙동강 페놀 오염 사건

유해 화학물질은 대기뿐만이 아니라 흙과 물도 오염시켜요. 토양오염과 수질오염이 무서운 이유는, 오염된 곳에서 자란 농작물과 어패류를 먹으면 몸속으로 그 오염이 들어오기 때문이에요. 한국의 대표적인 오염 사례로는 '온산병'과 '낙동강 페놀 오염 사건'이 있어요.

1983년, 공업단지로 둘러싸인 위치에 있던 당시 온산읍 주민들에게 일본의 공해병으로 유명한 '이타이이타이병'과 비슷한 증세가 나타나자 논란이 되었답니다. 1986년, 정부는 온산병을 공해병으로 인정하고 주민들을 집단 이주시켰어요.

1991년, 공장에서 페놀이라는 유해 화학물질이 낙동강으로 유출되어 인근 주민들이 수돗물에서 악취를 느꼈어요. 이 사건으로 인해 수돗물에 대한 불신이 커져 많은 주민이 생수를 구입하거나 지하수를 이용하는 등 큰 불편을 겪었어요.

토양오염은 공기나 물과 달리 이동성이 낮아, 오염이 심각하게 진행된 후에야 발견되는 경우가 많아요. 이를 방지하기 위해 한국에서는 '토양환경보전법'에 따라 정기적인 토양오염 실태조사를 실시하고 있지요. 2021년 서울특별시에서 실시한 토양오염 실태조사에서는 총 311개 지점을 조사한 결과, 16개 지점에서 토양오염 우려 기준을 초과한 것으로 나타났답니다.

토양오염과 수질오염은 대기오염과 마찬가지로 공업화가 급속히 이루어지는 개발도상국에서 많이 일어나는 경향이 있어요. 지금은 눈부신 경제 성장을 이룩하고 있는 중국과 인도를 중심으로 여러 개도국에서 공해가 나타나, 국민의 건강과 환경에 나쁜 영향을 미치면서 문제가 되고 있지요. 세계에서는 대기오염과 수질오염 등의 공해로 매년 약 900만 명이 목숨을 잃는 것으로 추정돼요. 경제 성장만 너무 우선하는 바람에 사람과 환경에 발생하는 문제의 대책을 나중으로 미룬 탓이에요.

문제랑 숙제는 나중으로 미루면 안 돼….

지구 편

★13

미세플라스틱이 몸속에 점점 쌓인다!

내 몸속에도 쌓여 있다
미세플라스틱!

지름 5mm 이하의 플라스틱 조각을 '미세플라스틱', 그보다 더 작은 모래알 크기 정도의 조각을 '마이크로비즈'라고 해요. 한 사람의 몸속에 있는 미세플라스틱을 한데 모으면 주먹만 한 크기가 될 거라는 이야기도 있지요.

1억 5천만 톤의 플라스틱 쓰레기

함부로 버리거나 아무도 치우지 않은 쓰레기가 강으로 흘러들고, 이윽고 바다로 가서 해양 쓰레기가 되는데요. 해양오염으로 이어지는 해양 쓰레기 중에서도 특히 심각한 것이 페트병과 비닐봉지 등의 플라스틱 쓰레기(해양 플라스틱)예요. 플라스틱은 미생물에 분해되지 않기 때문에 형태를 거의 유지한 채 바다에 떠다니지요. 물고기나 바닷새가 플라스틱을 먹이로 잘못 알고 먹었다가 죽기도 하고, 낚싯줄이나 그물에 감겨서 다치기도 해요. 바다 생물이 위협을 받는 거예요.

해양 플라스틱은 1년에 800만 톤 이상이 새로 바다로 흘러들고, 바다에는 이미 1억 5천만 톤이나 있는 걸로 추측돼요.(※) 오랫동안 바다에 떠다닌 플라스틱은 파도와 자외선의 영향으로 점점 잘게 부서집니다. 5mm 이하가 된 플라스틱을 '미세플라스틱'이라고 하는데 이것도 아주 심각한 문제예요. 미세플라스틱에서는 유해 화학물질이 발견되는 경우가 있고, 이 물질이 든 해산물을 우리가 먹고 있을지도 몰라요. 세계자연기금(WWF)에 따르면 인간은 음식을 통해 매년 3만 9천 개에서 5만 2천 개나 되는 미세플라스틱을 섭취하고 있다고 해요.

인간의 몸속에 미세플라스틱이 쌓이면 어떤 일이 일어나는지 아직은 밝혀지지 않았어요. 어쩌면 가까운 미래에 전 세계에서 미세플라스틱으로 인한 건강 문제가 보고될지도 모르지요. 우리가 할 수 있는 일은 각자 플라스틱 쓰레기 줄이기, 그리고 쓰레기 함부로 버리지 않기예요.

※출처: 유엔

나는 쓰레기를 함부로 버리지 말아야지!

지구 편

☆ 14

극단적인 날씨와 자연재해가 늘어난다!

산 전체가 불타는 산불과 사막에서 일어나는 홍수도

전 세계에서 이상기후가 늘어나, 유럽에서는 물 부족과 대규모 산불 등이 계속되고 있어요. 나아가 사막 지대에서도 홍수가 일어나 사람과 집이 휩쓸리는 등, 예전에는 상상조차 하지 못했던 종류의 재해가 일어나고 있지요.

세계 각지에서 이상기후가 발생

2023년 여름에는 한국 각지에서 최고 기온이 38도를 넘는 등 전국적으로 심한 더위가 이어졌어요. 6월부터 8월까지 여름철 평균 기온은 기상청 관측 이래 네 번째로 높았다고 해요.

극단적인 기후변화의 원인은 온난화인데, 한국에 일어나는 현상은 더위뿐만이 아니에요. 기록적인 폭우가 한 지역에 집중되는 '집중호우' 현상이 늘어나고 있어요. 2023년에도 7월 중순 중부지방을 중심으로 시간당 100mm가 넘는 폭우가 내렸고, 전라북도 군산은 7월 14일 하루동안 429.4mm의 비가 내려 기상관측 이래 최고 기록을 세웠어요. 한편 비가 전혀 오지 않아서 물이 부족했던 지역도 있지요. 2022년부터 2023년까지 227일에 걸친 남부 지방 가뭄은 기상관측 이래로 가장 긴 가뭄이었고, 전남 지역에선 제한 급수를 시행하기도 했어요.

극단적인 이상기후는 다른 나라들에서도 일어나고 있어요. 유럽에서는 여름에 '지난 500년간 최악'이라고 할 정도로 물이 부족해져서, 산불이 늘어나고 농작물의 수확량이 줄어드는 등의 피해가 생겼습니다.

또 중동의 나라 오만의 사막에서 홍수가 일어나고, 아프리카의 사하라 사막 남부에 큰비가 오는 등 사막 지대에서 물난리가 발생하고 있어요. 얼핏 생각하기에는 건조한 지역에 비가 오면 좋을 것 같지요. 하지만 건조한 지역의 집은 흙과 점토를 말려서 만든 벽돌로 지었기 때문에 큰비를 견딜 수 없어요. 극단적인 기후변화는 그 지역의 뿌리 깊은 생활과 문화를 위협할 수도 있는 거예요.

제1장 지구편

지구 편

★ 15

생선, 채소, 과일의 원산지가 달라진다!

마트에서 다양한 원산지를 보게 될지도

마트의 식품 코너에 진열된 채소와 생선은 대부분 원산지가 표시되어 있지요. 아직은 원산지가 대체로 정해져 있지만, 앞으로는 깜짝 놀랄 만한 원산지를 발견하게 될지도 몰라요.

울릉도 특산물 오징어가 줄어들고 있다

우리 식탁에도 오르는 친숙한 해산물 오징어. 하지만 최근 강원도 동해안에서 잡히는 오징어 어획량이 줄어들고 있어요. 강원도 동해안의 대표 어종인 오징어는 2021년 6,035톤이 잡혔는데, 그 다음해인 2022년에는 3,504톤으로 전년도의 58%에 불과했다고 해요.

한편 어획량이 늘어나고 있는 생선은 방어예요. 2021년 3,404톤이었던 방어의 어획량이 2022년에는 6,112톤으로 180%로 늘어났어요. 그 이유는 기후변화로 인한 바다 환경의 변화 때문이에요. 오징어는 차가운 물을 좋아하는 한류성 어종이고 방어는 따뜻한 물을 좋아하는 난류성 어종인데요. 최근 동해안의 수온 상승으로 방어가 살기 좋은 환경이 되면서 방어는 늘어난 반면, 오징어는 동해안 어장보다 더 추운 북쪽에서 내려오지 않게 되어 오징어가 줄어든 거지요.

이런 원산지 변화는 육지의 농산물에서도 볼 수 있어요. 채소와 과일은 저마다 재배에 적합한 온도가 달라요. 그런데 평균 기온이 올라가면서 재배에 적합한 위치가 북쪽으로 올라가고 있어요. 예를 들어 사과는 대구 특산물로 유명했지만, 지금은 사과를 재배할 수 있는 지역이 강원도까지 북상했다고 해요. 게다가 이대로 기온이 계속 올라가면 2070년에는 한국에 사과를 재배할 수 있는 지역이 사라질 가능성이 있다고 해요.

또 귤은 따뜻한 제주도에서만 나는 과일이었지만, 이제는 전북이나 경남에서 재배한다고 해요. 뿐만 아니라 망고나 구아바 같은 다양한 아열대 작물까지 재배할 수 있게 되었대요. 온난화를 막는 것은 물론이고 기후변화로 인한 원산지 변화에도 대응할 수 있도록 준비할 필요가 있겠지요.

제1장 지구편

내가 좋아하는 참치는 괜찮을까?

지구 편

16
세계유산이 사라진다!

쓰레기 때문에 관광지로서의 가치가 위협받는 제주도

제주도는 한국을 대표하는 관광지로 세계적으로도 유명해요. 제주 화산섬과 용암동굴은 유네스코 지정 세계자연유산이기도 해요. 하지만 너무 많은 관광객과 쓰레기들로 인해 환경이 악화되고 있어요.

기후변화뿐만이 아니라 관광객도 문제

지구에는 아름다운 자연환경, 그리고 인류가 만들어 낸 귀중한 문화와 인공물이 많이 있어요. 이것들을 인류 공통의 보물로서 지키고 후손에게 남겨 주기 위해 등록하는 것이 세계유산이에요.

그런데 기후변화 때문에 세계유산을 지키지 못하게 될 가능성이 있어요. '물의 도시'로 불리는 베네치아(이탈리아)는 역사적인 건축물과 운하로 유명하며 세계유산인 도시지요. 그런데 최근에 온난화로 해수면이 높아지면서 베네치아가 물에 잠길 위험이 생겨나고 있습니다. 베네치아는 1년에 2,500만 명이 찾아오는 인기 관광지인데, 관광객이 너무 많은 것도 문제예요. 왜냐하면 쓰레기를 함부로 버려서 거리를 더럽히거나 주민에게 피해를 주는 '오버투어리즘'이라는 상황이 일어나고 있기 때문이에요.

제주도의 쓰레기 발생량은 한국 평균의 두 배를 넘는다고 해요. 그리고 그중 14%를 관광객이 버리는 걸로 조사되었어요(※). 수많은 관광객이 찾아오는 일은 반갑지만, 세계유산으로서 가치가 낮아지면 유산의 보전과 보호라는 본래의 목적에서 멀어지고 말지요.

세계유산 중에서도 가치를 잃을 가능성이 높은 것을 '위험에 처한 세계유산'이라고 해요. 무력 분쟁, 자연재해, 대규모 공사, 도시개발, 관광개발, 상업적 밀렵 등으로 인해 가치를 잃을 중대한 위기에 놓인 상태지요. 현재 세계유산은 약 1,200건이 등록되어 있는데 그중 56건이 위험에 처한 세계유산입니다. 하나라도 더 많은 세계유산을 후손에게 물려줄 수 있도록 적절한 보전과 보호가 필요해요.

※출처: 한국환경연구원

제1장 지구편

지구 편

17
기후변화와 자연재해로 빈곤층은 더욱 가난해진다

**부와 재산을 가진 사람일수록
더 오래 사는 세상이 되고 있다**

개발도상국 등의 가난한 나라는 재해 방지 대책이 잘되어 있지 않아요. 그래서 지진이나 홍수 같은 자연재해가 일어났을 때 피해를 보기 쉽지요. 또 그 후의 복구가 잘 이루어지지 않아서 나라가 더욱 가난해지고 말아요.

가난한 사람일수록 재해에 희생되기 쉽다

기후변화와 자연재해가 일어나면 가난한 사람은 점점 더 가난해져요. 왜냐하면 재해가 일어났을 때 부자보다 가난한 사람이 큰 타격을 받기가 더 쉽기 때문이에요.

부자는 지반이 단단하고 높은 곳에, 튼튼하고 제대로 된 집을 지어서 살지요. 그렇게 해야 지진이나 홍수가 났을 때 영향을 덜 받고 안전하게 살 수 있기 때문이에요. 하지만 가난한 사람은 그런 집에 살 경제적 여유가 없어요. 재해가 일어났을 때 받는 타격이 커질 뿐 아니라, 경제력이 없어서 재해 전의 생활 수준으로 돌아가기도 어렵지요.

이런 경향은 사람끼리가 아니라 나라끼리 비교해 봐도 마찬가지예요. 1984년에서 2013년까지 29년 동안 자연재해로 목숨을 잃은 사람은 전 세계에서 약 243만 명이었는데요. 평균 소득이 낮은 나라일수록 사망자 수가 많아서, 소득 수준이 낮은 나라와 중간인 나라를 합쳐 전체의 76%(약 186만 명)였어요.

개발도상국 등 가난한 나라는 재해 방지 대책이 잘되어 있지 않아서, 자연재해가 일어났을 때의 피해가 더 큽니다. 또 재해가 지나간 후에도 복구가 잘 이루어지지 않아서 경제활동이 멈추기 때문에 나라 전체가 더욱 가난해지는 악순환에 빠지고 말아요. 세계은행에 따르면 자연재해로 매년 2,600만 명이 가난해지며 그 경제적 손실은 600조 원을 넘는다고 해요. 기후변화와 자연재해 때문에 부유층과 빈곤층의 격차가 더 벌어지는 거예요.

가난해서 학교에 가지 못하는 아이들도 있다

초등학교에 갈 나이에 총을 드는 아이들도 있다

분쟁 지역에서는 살던 곳에서 밀려나 난민이 되는 사람들도 있어요. 또 중동과 아프리카 등의 나라에서는 15살 전후의 아이들이 군인이 되어 전쟁터로 내몰리고 있어요.

제1장 지구편

지구 편

☆ 18

가난한 나라에 대한 부자 나라의 도움이 부족하다

나일농어 이야기는
외래종 문제와도 연결된다

위의 사진은 빅토리아호의 생태계를 바꿔 놓은 나일농어예요.
비슷한 일이 한국에도 일어났어요. 식용을 목적으로 들여온 황소개구리, 큰입배스, 뉴트리아와 같은 외래 동물들이 한국 고유종들에 영향을 주고 있지요.

나라의 치안을 악화시킨 나일농어

가난한 나라를 못 본 척하지 않고 성장을 도와주는 일은 선진국의 임무예요. 그런데 예전에 선진국들은 가난한 나라들을 도와주기는커녕 오히려 망가뜨리는 행동을 한 적이 있어요.

대표적인 예로 '빅토리아호 나일농어'가 있는데요. 빅토리아호는 세계 3위의 넓이를 자랑하는 아프리카 동부의 호수이고 풍부한 생태계를 가지고 있었지요. 그런데 영국이 탄자니아를 식민지로 가지고 있던 1950년대, 이 호수에 나일농어라는 물고기를 식용 목적으로 풀어놓으면서 상황이 완전히 달라졌어요. 나일농어는 원래 나일강에 살던 물고기인데, 몸길이가 최대 2m고 몸무게가 최대 200kg인 엄청나게 큰 민물고기인데요. 비리지 않은 흰살생선이고 맛이 농어와 비슷해 인기가 많아 현지에서 나일농어 어업이 크게 발달했어요.

나일농어 어업은 수출산업으로 크게 성공했지만 그 대신 수많은 귀중한 고유종들이 멸종으로 내몰렸어요. 원래 고유종들을 잡아서 생활하던 어부들에게도 어려움이 닥쳤지요. 2m짜리 거대한 물고기를 잡을 도구가 없어서 일거리를 빼앗기고 만 거예요. 그 결과 가난한 사람들이 늘어나고, 나라의 치안이 나빠지고 말았어요. 이 사건은 '빅토리아호의 비극'이라고도 해요. 영화 「다윈의 악몽」도 나일농어를 주인공으로 삼았지요.

지금 선진국들은 가난한 나라를 특별히 배려하기로 약속했어요. 하지만 구체적으로 어떻게 배려할 것인지는 확실하지는 않아요. 다같이 잘 살기 위해서는 아직 더 노력이 필요할 것 같아요.

그래서 나일농어는 맛있나?

지구 편

★ 19

아기와 엄마, 살릴 수 있는 목숨도 잃게 된다

몸이 약한 사람들이 살아남지 못하는 경우도

병에 걸리기 쉬운 아기와 임신부들은 흔한 질병으로 목숨을 잃기도 해요. 대부분 깨끗한 물과 백신 등으로 예방할 수 있지만, 세계에는 그렇게 하기 어려운 나라들이 있답니다.

대부분 사망자는 사하라 이남 나라들에

출산은 새로운 생명의 탄생이기에 많은 사람들이 축복하지요. 그런데 의료 환경이 제대로 마련되지 않은 지역에서 출산과 육아는 너무나도 어려워요. 아기와 엄마가 목숨을 잃는 경우가 많지요. 특히 '사하라 이남'이라고 하는, 사하라 사막보다 남쪽에 있는 아프리카 나라들에서는 사망 위험이 아주 커요.

2021년 세계에서 다섯 살 미만의 어린아이(영유아) 중 사망자는 약 503만 명(※)이었어요. 그중 사하라 이남의 사망자는 290만 명(※한국은 861명)으로 전체의 약 58%를 차지했지요. 한편 임신이나 출산을 한 여성(임산부) 중 임신이나 출산과 관련해서 목숨을 잃은 사람은 1년에 세계에서 약 29만 명이에요(2020년). 사하라 이남의 사망자 수는 1년에 약 21만 명(※한국은 32명)으로, 전체에서 차지하는 비율은 영유아보다도 높은 약 72%예요.

사하라 이남에는 경제 발전이 특히 낮은 '후발개발도상국'이라는 나라들이 모여 있어요. 이 나라들에서는 안전한 물, 예방접종을 위한 백신, 출산 후 임산부를 위한 돌봄, 신생아 돌봄 등이 부족합니다. 다른 많은 나라에서 당연히 받을 수 있는 서비스가 이곳에서는 부족해서, 폐렴 등의 감염병이나 출산 시의 합병증 등 원래라면 예방하고 치료할 수 있는 병으로 목숨을 잃고 마는 거예요.

후발개발도상국의 영유아와 임산부에 대한 지원은 예전부터 이루어지고 있어서 사망자 수는 확실히 줄었어요. 하지만 아직 다른 나라들과 비교하면 커다란 격차가 있지요.

※출처: 유엔 아동사망률 추정그룹(UN IGME)

제1장 지구편

지구 편

★20
마실 물이 부족해진다!

살아가는 데에 필요한 물 그 양이 줄어든다?

우리는 수도꼭지에서 물이 쏟아져 나오는 일을 당연하게 여기지요. 하지만 세계에는 그 일이 당연하지 않은 나라들도 있어요. 가까운 미래에 이상기후로 한국에서도 마실 물이 부족해질 가능성이 있습니다. 귀중한 물이 줄어들지 않도록 대책이 필요해요.

한국에서도 물 부족이 심해질지 모른다

목이 마를 때 수도꼭지를 틀기만 하면 곧바로 물을 마실 수 있다는 것. 한국인들에게는 당연한 일일지도 모르지만 알고 보면 축복받은 환경이에요. 한국의 상수도 설비는 세계에서도 최고 수준이거든요. 수돗물을 그대로 안전하게 마실 수 있는 나라는 한국, 일본, 뉴질랜드, 핀란드 등 몇몇 선진국들 정도예요.

한편 세계에는 안전하게 관리된 식수를 이용하지 못하는 사람이 22억 명이에요. 그중 1억 1,500만 명은 호수, 강, 용수로 등의 처리되지 않은 물을 마실 수밖에 없는 것이 현실이지요.

지구상의 물은 약 97.5%가 바닷물이고 약 2.5%가 민물이에요. 다만 민물의 대부분은 남극과 북극의 빙산이기 때문에 우리 인간이 곧바로 사용할 수 있는 민물은 전체의 겨우 0.01% 정도입니다. 민물은 이렇게 귀중하지만, 사실 80억 인구 전체가 마시는 데에는 충분하다고 해요. 그런데 지역마다 수자원의 양이 다르기 때문에 지구상의 모든 인류에게 평등하게 주어지지는 않는 거예요.

또 요즘은 기후변화로 인한 이상기후가 세계 곳곳에서 발생하고 있지요. 한국에서도 중부 지방은 폭우로 물난리가 나는가 하면 남부 지방에서는 비가 오지 않아 물이 부족해지는 등 날씨의 양극화가 두드러지고 있어요. 앞으로 기후변화가 더 진행되면 과연 한국은 마실 물을 충분히 확보할 수 있을까요? 귀중한 민물이 지금보다 더 줄어들지 않도록 수질오염 문제에도 진지하게 대처할 필요가 있어요.

지구 편

21
농작물을 길러 내는 데 필요한 물이 부족해진다!

지금은 괜찮아도 앞으로는 알 수 없다

비가 내리지 않을 때 뉴스에서는 댐의 저수량이 화제가 되지요. 댐에 가득했던 물도, 비가 계속 오지 않으면 점점 줄어듭니다. 전 세계에서도 기후변화로 똑같은 일이 일어나고 있어요.

30년 동안 물 사용량이 약 1.4배로 증가

앞서 이야기했던 대로 민물은 지구상에 존재하는 물의 약 2.5%뿐이고, 곧바로 사용할 수 있는 물은 0.01% 정도예요. 이 조금밖에 없는 민물이 모두 식수가 되는 건 아니랍니다. 인간이 사용하는 물은 크게 생활용수, 공업용수, 농업용수라는 세 종류로 나뉘는데요. 그중 가장 많은 것이 전체 물 사용량의 약 70%를 차지하는 농업용수예요.

인구가 계속 늘어나는 가운데 세계의 식량 생산량도 늘어나고 있어요. 1995년 세계의 물 사용량은 1년에 3,572㎦이었고 그중 농업용수는 2,504㎦였어요. 세계기상기구에 따르면 2025년에는 물 사용량이 1년에 4,912㎦로 늘고, 농업용수는 3,162㎦가 될 것으로 예측되는데요. 30년 동안 물 사용량이 약 1.4배로 늘어나는 거예요. 물 사용량이 계속 늘어나는 가운데 기후변화로 수자원의 균형이 무너지면 농업용수가 부족해질 가능성이 있어요.

농업용수를 효율적으로 사용하는 방법은 관개농업이에요. 관개란 강이나 호수 등에서 물을 직접 끌어와 농작물을 기르는 농업이에요. 다만 계획을 잘 세우지 못하거나 관리가 부족하면 환경 파괴로 이어지고 맙니다. 중앙아시아에 있는 아랄해는 옛날에는 세계 4위의 넓이를 자랑하는 거대한 염호(*짠물로 이루어진 호수)였어요. 그런데 1960년대에 주변 지역에서 관개 농지를 넓힌 결과 아랄해로 흘러드는 물의 양이 크게 줄어들고 말았지요. 50년에 걸쳐 아랄해의 넓이는 5분의 1이 되고 말았어요. 제2, 제3의 아랄해가 나오지 않도록 환경을 생각하며 수자원을 개발해야 해요.

제1장 지구편

지구 편

22 화장실이 부족하다!

우리에게는 당연한 화장실
다른 나라의 집에는 없는 경우도….

한국에서는 집에 화장실이 있는 것이 당연하지요. 하지만 아직 야외에서 용변을 봐야만 하는 나라들도 있어요. 화장실은 아주 중요한 시설입니다. 배설물을 그대로 놔두면 질병과 토양오염으로 이어지니까요.

세계에서는 스무 명 중 한 명이 바깥에서 용변을 본다

한국은 상수도와 마찬가지로 하수도도 잘 정비되어 있어요. 또 잘 알려지지 않은 사실이지만, 한국은 공중화장실에 대한 상세한 법률이 있어요. 공중화장실 법에 따르면 여성화장실의 대변기 수는 남성화장실의 대·소변기 수의 합 이상이 되도록 설치해야 하지요. 더 나아가 대통령령으로 정하는 특정 장소나 시설의 경우에는 여성화장실의 대변기 수가 남성화장실 대·소변기 수의 1.5배 이상이 되도록 해야 해요. 남녀 모두 화장실을 빠르고 편하게 이용할 수 있도록 하기 위한 법이에요.(※)

용변에 관한 법률은 한 가지 더 있어요. 한국에서는 긴급 상황이나 어쩔 수 없는 경우를 빼고는 야외 배설(노상방뇨)은 경범죄인데요. 이 법률을 어기면 5만원의 범칙금을 내야 되요.

하지만 세계에는 야외에서 용변을 볼 수밖에 없는 사람들도 있어요. 집은 물론이고 집 근처에도 화장실이 없어서 양동이 또는 비닐봉지에 용변을 보거나, 길가나 풀숲에 용변을 보는 사람이 4억 1,900만 명(전체 인구의 약 5%)이나 있답니다.

배설물에는 질병을 일으키는 세균이 많이 있으므로 야외 배설은 감염병과 토양오염의 원인이지요. 지속가능발전목표(SDGs) 중 하나로 2030년까지 야외 배설을 없애고 모든 사람이 평등하게 화장실을 이용할 수 있도록 하는 것이 있어요. 다만 그저 화장실을 설치하기만 하면 되는 문제는 아닌데요. 야외 배설의 위험성과 위생에 대한 교육도 필요해서 목표 실현에는 시간이 걸릴 수밖에 없는 것이 현실이에요.

※출처: 공중화장실 등에 관한 법률

제1장 지구편

화장실은 위생에도 중요하구나!

지구 편

★ 23

외래종이 생태계를 위협한다!

생태계를 무너뜨릴 뿐 아니라 감염병까지 일으킨다

외래종은 새로운 감염체를 가져와서 감염병을 일으킬 위험이 있어요. 팬데믹을 막기 위해서라도 외래종의 이동에는 신중해야 하지요. 기르기 싫어진 생물을 집 근처의 강이나 연못에 풀어주는 일도 생태계 파괴로 이어져요.

외국에서는 미역을 싫어한다!

원래부터 그 나라에 있던 동물과 식물을 '고유종'이라고 하고, 외국에서 들어온 동물과 식물을 '외래종'이라고 해요.

줄무늬 꼬리가 귀여운 미국너구리는 북아메리카에서 온 외래종인데요. 한국에서는 2010년대부터 애완용이나 카페 동물로 유행해서 수입이 이루어졌어요. 그런데 무책임한 사람들이 미국너구리를 버리기도 하고, 손재주 좋은 미국너구리가 탈출하기도 해서 야생에서 발견되는 사례가 늘고 있어요. 한국에는 미국너구리의 천적인 대형 육식동물이 없어요. 또 미국너구리는 잡식동물인 데다 번식력도 왕성하지요. 그래서 고유종으로 이루어진 생태계를 무너뜨릴 위험이 있어요. 옆 나라 일본도 야생화된 미국너구리가 늘어나 수입을 금지했대요. 이처럼 그 나라 또는 지역의 생태계와 생물 다양성을 위협하는 외래종을 '생태계교란 생물'이라고 해요.

한국의 고유종이 외국에 피해를 주는 일도 있어요. 미역은 동아시아가 원산지인데, 포자가 배를 타고 옮겨져서 전 세계 바다에 분포하게 됐어요. 사실 미역을 먹는 문화가 있는 나라는 일본, 한국, 북한뿐이에요. 그래서 번식력이 왕성하고 천적도 없는 미역은 세계 각지의 바다에서 엄청나게 늘어나고 말았지요.

외국에서는 미역을 싫어한답니다. 양식 조개와 양식 새우의 성장을 방해하거나, 고기잡이 도구에 엉키기 때문이에요. 세계에서 뽑은 '최악의 생태계 교란종 100'에도 미역이 들어가요. 마찬가지로 아시아가 원산지인 민물고기 잉어도 생명력이 강하고 무엇이든 먹기 때문에 고유종을 몰아내지요. 그래서 미역과 함께 최악의 생태계 교란종 100에 들어가 있어요.

제1장 지구편

미역이 얼마나 맛있는데!

지구 편

24
수많은 동물과 식물이 멸종 위기에 놓였다!

세계에는 아직 발견되지 않은 생물들이 있다?

지구상에는 생물이 175만 종 있다고 하는데, 그건 인간이 확인한 종의 수예요. 아직 발견되지 않은 생물을 포함하면 3천만 종이 넘을 것으로 추측되지요. 새로운 종을 발견했다는 뉴스는 앞으로도 계속 나오지 않을까요?

생물의 멸종 속도가 100배로 빨라졌다

지금 지구상에는 약 175만 종의 생물이 있다고 해요. 유엔에 따르면 생물이 멸종하는 속도는 원래 '100년 동안 1만 종당 1종'이라고 하고요. 그런데 지난 100년 동안은 1만 종당 100종이 멸종했어요. 확인할 수 있는 것만 해도 생물 멸종 속도가 100배로 빨라진 거예요.

국제자연보전연맹(IUCN)이 2023년 12월 발표한 '레드 리스트'에 따르면 멸종할 위험이 큰 야생 생물(동식물)은 4만 4,016종이에요. 전해보다 약 2천 종이 늘어났지요. 또 호주 시드니대학교의 연구에 따르면 앞으로 수십 년 동안 곤충 전체의 40%가 멸종할 위험이 있다고 해요. 생물의 멸종 원인은 기후변화와 인간의 개발 때문에 살아갈 곳이 사라진 것, 물고기를 비밀리에 지나치게 많이 잡는 것, 외래종이 재래종을 먹어 치우는 것 등인데요. 모두 인간이 일으킨 현상이라는 사실을 잊지 말아야겠지요.

제1장 지구편

인간은 자연을 이용하며 문화와 문명을 발달시켜 왔어요. 자연이 낳은 자원은 인간이 만들어 낸 것 이상으로 귀중하답니다. 그런데 특정한 생물종이 멸종하면 자연 자원 중 일부가 사라질 가능성이 있어요. 생물이 멸종하지 않고 다양성을 유지한다는 것은 그 지역의 생태계와 환경이 보전된다는 뜻이에요. 바꾸어 말하면 멸종 위기에 있는 생물이 많다는 것은 환경이 파괴될 가능성이 높다는 뜻이지요. 위험한 상황이라는 사실을 알 필요가 있어요.

지구 편

☆25
바다의 균형이 깨져서 영망진창이 된다?

바다의 성분이 조금씩 달라지고 있다

이산화탄소가 대량으로 바닷물에 녹아들면서 약알칼리성이었던 바다가 조금씩 산성이 되고 있어요. 산성은 산호, 조개, 게 등으로 이루어진 생태계에 심각한 영향을 미치기 때문에 바다의 산성화를 막기 위해서도 이산화탄소를 줄일 필요가 있습니다.

플랑크톤의 대량 발생을 부르는 부영양화

플라스틱을 비롯한 바다 쓰레기가 해양오염의 원인이라고 앞에서 이야기했지요. 그런데 바다를 둘러싼 문제는 쓰레기뿐만이 아니에요.

생활폐수와 공장폐수에 포함된 질소와 인은 식물과 플랑크톤의 영양분이 되는데요. 질소와 인이 바다에 많이 흘러들어 바다의 영양분이 평소보다 많아진 상태를 '부영양화'라고 해요. 영양분이 많아진다고 하니 좋은 일 같지만, 부영양화가 이루어지면 질소와 인을 먹는 플랑크톤이 늘어나 '적조' 현상이 일어나요. 적조가 일어나면 바닷속의 산소가 줄어들기 때문에 물고기와 조개가 죽고 말지요.

그렇다고 해서 질소와 인이 바다로 전혀 흘러들지 않도록 하면 이번에는 물고기의 먹이인 플랑크톤이 줄어들고 말아요. 실제로 옆 나라 일본에서 김의 원산지로 유명한 세토내해는 예전에 적조가 여러 번 대량으로 발생했기 때문에 질소의 배출을 다른 해역보다 엄격히 규제한 적이 있어요. 그런데 규제가 너무 엄격해서 바다가 지나치게 깨끗해진 결과, 플랑크톤이 줄어서 김이 잘 자라지 않게 되고 말았지요. 지금은 하수처리시설에서 빼낸 질소를 일부러 세토내해로 많이 배출하고 있다고 해요. 한국도 김 양식을 많이 하는 만큼 바다의 영양 균형에 신경써야 할 거예요.

제1장 지구편

'플랑크톤'은 결국 뭘까?

플랑크톤은 '물속에 떠다니는 것'

플랑크톤은 물속에 떠다니며 살아가는 생물이에요. 크기는 다양하고요. 규조류, 소형 갑각류, 해파리, 어류의 새끼 등이 모두 플랑크톤이랍니다.

지구 편

26
갯벌을 지키지 않으면 바다의 생태계가 사라진다?

갯벌을 메우면 생물들이 죽고 만다

시골의 마을 앞바다는 사람의 손길이 더해지면서 생물 다양성이 높아졌어요. 시골의 마을 뒷산과 마찬가지로 사람과 자연이 공생하는 곳이지요. 땅과 바다를 연결하는 마을 앞바다는 갯벌과 마찬가지로 소중하게 지켜 낼 필요가 있어요.

갯벌은 자연의 하수처리장

한국의 바다에는 해양오염, 부영양화, 산성화 등 다양한 문제가 일어나고 있어요. 이러한 문제들은 해양 생태계를 위협하고 생물 다양성과 자연의 균형을 위태롭게 해요. 세계자연보전연맹(IUCN)이 발표한 레드리스트에 따르면 한국의 해양생물 중 68종이 멸종위험군에 속해요.

바다의 오염을 막기 위해서는 인간이 필요 이상으로 물질을 흘려보내지 않도록 하수처리 능력을 높이는 방법 등이 있는데요. 갯벌을 지키는 일도 아주 중요하답니다. 갯벌이란 썰물 때 바닷물이 빠지면서 땅이 드러나는, 바다의 얕은 부분이에요. '진흙에서 조개를 줍는 곳'이라고 하면 이해하기 쉽겠지요.

갯벌은 겉보기에는 심심해 보이지만 알고 보면 생물 다양성이 아주 풍부해요. 조류, 조개류, 박테리아 등이 물을 깨끗하게 유지하기 때문에 자연의 하수처리장과도 같은 존재이지요. 그런데 물이 얕아서 메우기 쉽다는 이유로 한국에서는 산업화와 함께 20세기 동안 많은 갯벌이 메워져 사라지고 말았지요.

요즘 갯벌의 가치가 새롭게 발견되면서, 남아 있는 갯벌을 보존하려는 노력이 커지고 있어요. 2021년에는 한국의 갯벌이 유네스코 세계유산에 등재되기도 했답니다. 바다를 오염에서 지키기 위해서도 생태계가 풍요로운 갯벌을 소중히 해야겠지요.

제1장 지구편

다양한 생물이 있다는 건 좋은 일이야!

지구 편

27
한반도 넓이 8배의 숲이 사라졌다?

사라지고 나서 알게 된 숲의 소중한 역할

식물은 이산화탄소를 빨아들여 주지요. 숲이 없어지면 이산화탄소가 늘어나 지구 온난화가 빨라지고 말 거예요. 또 숲은 물을 담아두는 역할도 하는데, 그 역할이 지금 주목받고 있어요.

숲 파괴는 온난화와 홍수의 원인

세계의 숲이 계속 줄어들고 있어요. 2020년 세계의 숲 총면적은 40억 6천만 헥타르로, 1990년 이후로 30년 동안 1억 7,800만 헥타르가 사라지고 말았어요. 한반도의 총면적은 약 2,236만 헥타르니까 무려 한반도 면적의 8배에 가까운 숲이 사라졌다는 계산이 되지요.

숲 파괴는 브라질과 인도네시아 등의 열대우림에서 심각한 문제가 되고 있어요. 농지 등의 토지로 이용하기 위해, 종이의 원료로 쓰기 위해, 광석 채굴에 방해가 되는 등의 다양한 이유가 있지요.

한국의 숲 면적은 40년 전과 거의 차이가 없지만, 외국의 숲 파괴가 한국과 상관이 없느냐 하면 그렇지는 않아요. 왜냐하면 우리가 먹는 농작물, 사용하는 종이와 광석 등은 이렇게 숲을 파괴해서 얻은 것이니까요. 숲 파괴는 이산화탄소의 증가와도 관련이 있어요. 식물은 이산화탄소를 빨아들이고 산소를 내보내는 작용을 하기 때문이에요. 숲이 줄어들면 식물이 흡수하던 이산화탄소가 대기 중에 남아 온실가스가 되고, 온난화가 더 빨라지지요.

또 숲은 비가 올 때 빗물을 빨아들이고, 땅에 스며든 빗물은 식물의 뿌리와 흙 사이를 지나 천천히 강으로 흘러갑니다. 다시 말해 숲은 천연 댐과 같은 역할을 하는 거예요. 숲이 없어지면 비가 올 때 강으로 흘러가는 물이 많아져서 홍수 등의 수해가 일어나기 쉬워지지요. 그리고 숲에는 풀, 꽃, 나무, 미생물, 벌레, 동물 등 다양한 생명이 살아가고 있어요. 숲을 지키는 일은 이 생물들과 생태계를 지키는 일이기도 해요.

숲은 수많은 일을 하는구나!

지구 편

28

급속한 사막화로 식량과 물이 부족해진다

사막의 면적은
매년 1,200만 헥타르씩 늘어나고 있다

사막은 크기가 일정하지 않고 매년 점점 넓어져요. 건조지가 영양분을 잃고 사막이 되는데, 건조지는 비가 적고 물이 잘 스며들지 않기 때문에 사막화는 멈출 기미를 보이지 않고 있지요.

건조지에는 20억 명이 살고 있다

지금 사막화가 무서운 속도로 이루어지고 있어요. '사막'이라고 하면 사하라 사막처럼 사방이 모래로 덮인 곳을 상상하는 사람이 많을 텐데, 그것만이 사막은 아니에요. 사막이란 비가 적게 내리는 건조지 중에서 영양분이 없는 땅을 가리키는데요. 식물이 거의 자라지 않기 때문에 사막화가 진행된다는 것은 농작물을 길러 낼 농지가 사라진다는 뜻이지요.

가뭄과 사막화 때문에 매년 1,200만 헥타르의 농지가 사라진다고 해요. 이것은 1년 동안 2,000만 톤이나 되는 곡물을 길러낼 수 있는 넓이입니다. 지구의 육지 중 약 40%는 건조지이고 거기에서 약 20억 명이 살고 있어요. 사막화는 식량과 물 부족으로 이어지기 때문에 수많은 사람의 목숨을 위협하는 심각한 문제예요.

사막화의 원인으로는 기후변화로 인한 가뭄을 들 수 있어요. 인간 활동도 큰 영향을 미치고요. 농지나 도시를 무리하게 확장하거나 가축을 너무 많이 풀어놓는 바람에, 그러잖아도 영양이 부족했던 땅이 더 척박해져서 사막이 되고 말지요.

건조지는 표면이 단단하기 때문에 물이 땅속으로 잘 스며들지 않는다는 특징이 있는데요. 원래 건조지는 비가 적게 내리기 때문에, 비가 많이 올 것에 대비한 배수 처리를 해 놓지 않아요. 그런데 요즘은 기후변화로 건조지에 큰비가 내리는 경우가 있습니다. 이런 경우 빗물이 대량으로 흘러 홍수가 되고, 그 홍수 때문에 커다란 피해가 생길 가능성이 높아요. 주민들도 홍수에 익숙하지 않기 때문에 피해가 더 심각해질 위험이 있지요.

비가 온다고 무조건 좋은 게 아니구나···.

지구 편

★29
숲과 습지가 줄어들어 육지 생태계가 파괴된다

아무 생물도 없는 풍경은
좀 무섭지 않을까?

자연의 수많은 생물이 함께 살아가는 환경을 생태계라고 해요. 그런데 인간의 손길 때문에 그 생태계가 파괴되는 일이 있어요. 어떻게 하면 생태계를 지킬 수 있을지 함께 생각해 봅시다.

인공 숲을 방치하면 생태계가 빈약해진다

육지에서 생물 다양성이 가장 높은 곳은 숲이에요. 숲에는 나무가 6만 종 있고, 전체 포유류의 68%, 조류의 75%, 양서류의 80%가 살고 있지요. 그런 숲이 줄어들고 있으니 세계 각지에서 생태계가 파괴되는 것도 당연하다고 할 수 있어요.

한국은 국토의 약 63%가 숲으로 이루어져 있지만, 이 중 상당수는 20세기 중반 산림녹화 사업으로 조성된 인공 숲이에요. 이러한 인공 숲은 단일 종의 나무로 이루어진 경우가 많아 생태계가 빈약해지고 다양한 동식물이 서식하기 어려운 환경이 될 수 있어요.

예를 들어, 한 종류의 나무로만 이루어진 숲은 그 나무의 잎과 가지가 햇빛을 가려 아래층 식물의 생장을 막고, 다양한 곤충과 동물의 서식 환경을 제한해요. 한국도 녹화 사업 당시 아카시나무와 소나무 위주로 심어 다양성에 문제가 생기기도 했어요. 이런 문제를 해결하고자 한국은 1990년대부터 무분별한 나무 심기보다는 '숲 가꾸기'로 정책을 전환했고, 인공숲과 천연숲이 조화를 이뤄 가는 중이에요.

한편 습지도 풍요로운 생태계가 있고 이산화탄소를 흡수하는 중요한 장소예요. 그런데 바다의 갯벌과 마찬가지로 메워지는 경우가 많기 때문에 소중히 보전해 나갈 필요가 있어요. 육지 환경을 파괴하는 것은 인간이지만, 육지 환경을 지킬 수 있는 것도 인간이라는 사실을 잊지 말아야 해요.

제1장 지구편

생태계라는 형태가 중요하구나!

지구가 쓰레기장이 된다!

수도권 쓰레기 매립지는 2048년까지!?

세계 194개 국가에서 1년 동안 버리는 쓰레기는 약 21억 톤(2019년 발표)이에요. 한국은 1년에 2,303만 톤(2022년/생활계폐기물)으로, 국민 한 사람이 매일 쓰레기 1.22kg을 버린다는 계산이 되지요.

생활계폐기물이란 주로 가정이나 식당, 사무실 등에서 버리는 쓰레기예요. 공장이나 건설현장 등에서 버리는 쓰레기는 사업장배출시설계폐기물, 건설폐기물, 지정폐기물 등으로 불러요. 한국에서 생활계폐기물이 아닌 폐기물이 매년 약 1억 6,300만 톤 버려지고 있어요. 생활계폐기물과 다른 폐기물을 합치면 세계의 쓰레기양도 많이 늘어나는데요. 2025년에는 140억 톤, 2050년에는 320억 톤이 될 거라는 예측도 있어요.

세계 인구가 늘어나면서 쓰레기도 계속 늘어나고 있어요. 쓰레기를 태울 때는 이산화탄소가 나오기 때문에 온난화로도 이어지지요. 쓰레기를 줄이기 위해 처음부터 쓰레기를 만들지 않는 'Reduce(줄이기)', 물건을 다시 사용하는 'Reuse(재사용)', 여러 방법을 통해 자원으로 만드는 'Recycle(재활용)'이라는 '3R'이 중요해요. 하지만 세계의 재활용률은 16%(※한국은 50%)로 낮아서 쓰레기가 늘어나는 속도를 따라가지 못하는 것이 현실이에요.

태울 수도 없고 재활용할 수도 없는 쓰레기는 매립지에 묻힙니다. 묻을 공간에는 한계가 있어서 지금 속도대로 쓰레기를 계속 버리면 서울의 쓰레기를 버리는 수도권매립지는 24년 후(2048년) 가득 차고 말 거라고 해요.

제2장
우주 편

우주의 무서운 이야기는 스케일이 다르단다!

우주 편

아름다운 것에는 가시가 있다?
금성의 구름은 진한 황산

사진: ⓒSCIENCE PHOTO LIBRARY/amanaimages

찬란하게 빛나는 금성은 그 모습 때문에
사랑과 미의 여신의 이름이 붙었다

아름답고 위험한 사랑의 여신

반짝반짝 밝게 빛나는 금성. 저녁 서쪽 하늘에 보일 때는 '개밥바라기', 새벽 동쪽 하늘에 보일 때는 '샛별'로 불리며 옛날부터 사람들에게 친숙했던 별이었어요. 옛날 사람들은 아름답게 빛나는 금성을 그리스 신화에 나오는 사랑과 미의 여신 '비너스'에 빗댔지요. 아주 우아하고 예쁜 느낌 아닌가요?

금성은 천문학에서는 태양계의 두 번째 행성이에요. 우리가 사는 지구의 바로 안쪽에서 태양의 주위를 돌고 있답니다. 지구와 마찬가지로 주로 바위로 이루어져 있어요. 크기도 지구와 거의 비슷해서 금성을 '지구의 쌍둥이 행성'이라고 부르는 경우도 있지요. 그런데 금성의 진짜 모습은 우아하고 품위 있는 이미지와는 아주 다른 모양이에요. 금성의 환경은 생명에 너무나도 가혹하다는 사실이 밝혀졌어요.

한 예로 금성이 반짝반짝 예쁘게 빛나는 이유는 금성의 표면이 진한 황산으로 이루어진 구름에 덮여 있기 때문이에요. 진한 황산은 독약입니다. 소시지에 구멍을 내고 옷을 녹이며 연기를 피워 올리지요. 물론 사람의 살갗에 닿으면 큰 화상을 입히고요. 금성이 밝아 보이는 것은 지구에 가까운 데다 이 독 구름이 태양의 빛을 잘 반사하기 때문이에요.

또 두꺼운 대기가 금성을 짓누르기 때문에 금성 표면의 기압은 지구의 90배나 돼요. 인간의 폐와 내장은 잠시도 버티지 못하고 찌부러지고 말겠지요. 게다가 금성의 바다는 아득한 옛날에 증발해 버렸기 때문에, 바다에 녹아 있던 이산화탄소가 온실가스가 되어 금성을 점점 데워서 금성의 지표면 부근은 납도 액체로 만들어 버리는 460도예요. 그야말로 불지옥이지요! 금성은 생명체에는 너무나도 위험한 여신인 것 같아요.

제2장 우주편

우주 편 ②

가스 비와 금속 비…
비의 종류는 별에 따라 다르다

지구의 비는 물이 내리는 것….
하지만 우주에서는 이런 상식도 뒤집힌다!

지구의 비는 착한 비인지도 모른다

비 내리는 아침에는 기분이 좋지 않은 사람이 많은 모양이에요. 우산을 들고 다녀야 하고, 자전거를 타려면 비옷을 입어야 해서 귀찮고, 옷은 젖고, 앞머리는 부스스해지고….

그런데 비를 조금 다른 각도에서 바라볼까요? 지구에 내리는 비의 성분은 물입니다. 낮게 깔린 구름에서 물방울이 때로는 부슬부슬, 때로는 쏴아아 하고 땅으로 내려오지요. 물은 액체가 될 수도 있고 고체(얼음)나 기체(수증기)가 될 수도 있어요. 차가운 우주 공간에서 물은 오로지 고체 상태인 얼음으로만 존재하는데요. 지구 표면은 대략 1기압에 평균 기온 15도지요. 이 지구 특유의 절묘한 균형 덕분에 지구에서 물은 액체, 고체, 기체로 모습을 바꾸며 순환하고 있어요. 비, 구름, 강, 바다, 빙하… 지구는 '물의 행성'이에요.

토성과 해왕성에서도 '비'는 내리는 모양인데요. 하지만 지구의 물방울 비와는 달리 토성과 해왕성 등 커다란 가스 행성의 내부에는 '가스 비'가 내리는 걸로 추측돼요. 이게 무슨 이야기일까요?

거대 가스 행성의 내부는 온도와 압력이 높아서 모든 것이 액체 상태예요. 액체끼리 서로 밀도가 다르면 더 무거운 쪽이 아래(내부)로 떨어지는데요. 그렇게 되면 액체 속에서 다른 액체의 비가 내리는 신기한 일이 일어나게 되지요. 예를 들어 토성 내부에서 금속이 고온에 녹아 액체가 되면, 뜨거운 금속으로 이루어진 빗방울이 뚝뚝 떨어지는 거예요. 지구의 비 내리는 아침은 꽤 귀찮지만, 주룩주룩 내리는 뜨거운 금속 비보다는 착한 비일지도 모르겠네요.

제2장 우주편

습기도 싫지만 금속 비는 더 싫어!

우주 편 3

좋은 조짐일까, 나쁜 조짐일까? 혜성에 휘둘린 사람들

갑자기 밤하늘에 나타나는 혜성은
옛날 사람들을 놀라게 했다

신비와 불안이 불러오는 것

태양에 이끌려 때때로 찾아오는 혜성. 지금은 혜성이 나타나면 천문학에 관심 있는 사람들이 아주 좋아하지요. 하지만 희미하게 빛나는 구체가 기다란 꼬리를 나부끼며 갑자기 밤하늘에 나타나니, 옛날 사람들에게는 어지간히도 꺼림칙해 보였나 봐요.

옛날에는 하늘에서 일어나는 일이 땅에서 일어나는 일과 관계가 있다고 생각했어요. 예를 들어 기원전 44년 율리우스 카이사르가 암살된 지 얼마 지나지 않아 혜성이 나타났는데, 이 혜성은 카이사르의 죽음과 관련이 있는 것으로 여겨졌다고 해요. 한편 나폴레옹은 혜성이 나타난 것을 보고 행운의 징조라고 생각해서 이듬해 러시아 원정에 나섰다고 하고요.

20세기가 되자 혜성의 정체가 밝혀졌어요. 그런데 1910년에는 지구가 혜성의 꼬리 속을 지나갈 것이라는 사실이 알려지자 사람들이 "공기가 없어질 거야!"라며 혼비백산했어요. 공기를 담아두기 위한 자전거 튜브가 불티나게 팔리기도 하고, 몇 분 동안 숨을 참는 훈련이 이루어지기도 했어요. 스스로 목숨을 끊은 사람마저 있었다는군요. 당시에는 혜성의 가스가 유독한 시안화물과 일산화탄소라는 사실은 알려져 있었지만, 생물에게 영향을 줄 만한 농도가 아니라는 사실은 아직 알려지지 않았거든요.

현대인들은 대부분 혜성과 운세가 서로 관계가 없다는 사실도 알고, 숨을 참는 훈련이나 자전거 튜브 이야기를 들으면 우습다고 생각하지요. 하지만 신비롭고 정체를 알 수 없는 대상에 불안을 느끼고, 불확실한 정보와 헛소문을 퍼뜨리거나 믿는 일은 현대를 살아가는 우리에게도 낯설지 않아요.

옛날 사람들은 혜성을 무서워했구나.

우주 4 편

화성의 지형은 차원이 다르다?
아주 깊은 골짜기와 아주 높은 산

분화하면 대체 어떻게 될까?
커다란 올림푸스산

우리 이웃은 태양계에서 제일 울퉁불퉁한 행성

화성은 지구와 마찬가지로 암석형 행성이에요. 지구의 바로 바깥쪽에서 태양 주위를 도는 태양계의 네 번째 행성이지요. 표면이 붉은 녹(산화철)으로 덮여 있고 그것이 태양의 빛을 반사하기 때문에 불그스름하게 빛나요. 지름은 지구의 대략 절반입니다. 옅지만 이산화탄소로 이루어진 대기가 있고, 지표면에서는 산과 골짜기뿐만이 아니라 물이 흘렀던 것으로 보이는 흔적도 발견됐어요. 또 남극과 북극에는 얼음과 드라이아이스가 있는 데다, 지하에는 액체 상태의 물도 많이 있을 것으로 추측돼요.

지구와 닮았으면서 지구보다 조금 작은 화성. 하지만 화성의 지형은 지구보다 훨씬 강렬한데요. 예를 들어 화성 표면의 4분의 1을 가로지르는 '마리네리스 계곡'은 깊이 7km, 전체 길이 4,000km, 폭 200km나 되는 엄청나게 기다란 협곡이에요. 지구에 있는 그랜드캐니언의 8배나 되는 태양계 최대의 계곡이지요.

태양계 최대의 화산 '올림푸스산'도 있어요. 높이는 지구에서 가장 높은 산인 에베레스트(8,848m)의 두 배를 넘는 무려 20,000m. 꼭대기에 있는 칼데라는 서울시가 통째로 쏙 들어갈 만큼 커다란 구멍이에요. 산자락도 지름 550km를 넘으니 엄청나게 크지요. 올림푸스산 부근에 새로운 크레이터가 거의 없는 걸 보면 올림푸스산은 아직 활동 중인 활화산일 것으로 추측할 수 있어요. 태양계 최대 화산의 분화는 대체 어떤 모습일까요? 크기에 비하면 의외로 얌전하게 분화할지도 모른다는 설도 있지만 아직 아무도 본 적은 없습니다. 만약 분화한다면 지구상의 모든 망원경이 일제히 화성을 향하겠지요.

제2장 우주편

스케일이 너무 커서 상상이 안 돼···.

우주 편 5

너무 커서 볼 수 없었던 토성의 엄청난 고리

뭐!? 이게 토성의 고리였어!?

얇고 토성에서 떨어져 있어서 꽤 늦게 발견되었다

연구자들도 깜짝! 토성의 기묘한 고리 발견

토성은 태양계의 여섯 번째 행성이에요. 주로 수소와 헬륨가스로 이루어져 있고, 지름이 지구의 9배나 되는 거대한 가스 행성이지요. 가스이기 때문에 표면에 단단한 땅이 없어요. 우리가 지구에 발을 딛고 서 있을 수 있는 건 지구가 암석형 행성이어서 단단한 바위 껍데기가 표면을 덮고 있기 때문이에요.

토성의 특징은 뭐니 뭐니 해도 멋진 고리인데요. 몇 센티미터에서 몇 미터짜리 얼음 덩어리들이 무수히 모여서 고리를 이루고 있지요. 멀리 떨어진 지구에서 감상할 수 있을 만큼 대단한 구조물이지만 두께는 고작 몇십 미터에 불과해요. 의외로 얄팍하답니다.

토성의 고리를 천체망원경으로 보면, 조건이 좋을 때는 마치 바움쿠헨 같은 모양으로 보여요. 고리는 밝기의 특징과 줄무늬 사이의 틈을 기준으로 A 고리, B 고리, C 고리, D 고리 등 각자 이름이 있지요.

거의 모든 사람이 토성은 가스로 이루어진 본체와 줄무늬 고리가 한 세트라고 생각했어요. 그런데 2009년에 한 발견이 연구자들을 놀라게 했습니다. '본체와 고리 세트'에서 저 멀리 떨어진 곳에 또 하나의 기묘한 고리가 발견된 거예요. 아주 얇고 크게 기울어 있으면서, 믿기 어려울 만큼 거대한 고리인데요. 그 고리를 낳은 위성의 이름을 따서 '포에베 고리'라고 불러요. 포에베 고리의 지름은 토성 본체의 300배(3,600만 km), 두께는 10배(120만 km)나 돼요. 토성에서 너무 멀고, 얇아서 태양의 빛을 거의 반사하지 않기 때문에 일반 망원경으로는 발견하지 못했던 거예요. 태양계에는 아직 발견되지 않은 '무언가'가 숨어 있다는 사실을 일깨워 주는 커다란 발견이었지요.

우주에는 아직 신기한 게 너무 많아!

우주 편
6
금속 그 자체가 천체 소행성 프시케 탐사

소행성 크기의 귀중한 금속이 우주에 떠다닌다?

보물이 가득한 별 덕분에 억만장자가 된다?

소행성은 태양계에 있는 무수히 많은 바위예요. 크기가 제각각인 소행성이 2023년 12월 시점에서 133만 개 이상 발견됐지요. 소행성들은 지금도 태양계가 탄생한 46억 년 전의 정보를 간직한 채 태양 주위를 돌고 있는 걸로 추측돼요. 소행성의 탐사와 연구가 진행되면 수수께끼로 가득 찬 태양계의 성장 과정과 미래의 모습에 가까이 다가갈 수 있을 거예요.

소행성은 크게 세 종류로 나눌 수 있어요. 탄소가 많은 C형, 돌 성분이 많은 S형, 표면이 금속인 M형인데요. 옆 나라 일본은 소행성 탐사선 '하야부사'로 S형인 '이토카와'를 탐사했고, '하야부사2'로 C형인 '류구'를 탐사했어요.

2023년 10월, 나사(NASA)가 소행성 '프시케'로 향하는 탐사선을 쏘아 올렸어요. 프시케는 M형 소행성이에요. 감자처럼 생겼고, 가장 긴 부분이 280km로 꽤 큽니다. M형 소행성은 지구 같은 암석형 행성이 어릴 때 부서져서 중심의 금속 부분이 드러난 걸로 추측돼요. M형인 프시케는 지구처럼 되려다가 되지 못한 천체라고 할 수 있겠지요.

탐사선은 2029년 프시케에 도착할 예정인데요. 사전 조사에 따르면 프시케에는 철과 니켈이 많을 걸로 예상돼요. 그리고 지구인들은 금속을 사랑하지요…. 그래서 벌써부터 돈을 벌 꿈에 부푼 사람들도 있지 뭐예요! 다만 어느 정도의 양을 안전하게 지구로 가져오기 위해서는 높은 기술 수준, 그리고 수많은 사람의 이해와 지혜와 협력이 꼭 필요할 거예요. 우리는 우선 우주 탐사의 의의를 알고, 서로 협력하며 우주를 개발해 나갈 능력을 길러야 해요.

제2장 우주편

단 것이 가득한 별은 없을까?

아득히 먼 미래에 달은 더 이상 움직이지 않게 된다?

> 옛날에는 달도 움직였단다

어디서나 볼 수 있던 달을
정해진 곳에서만 볼 수 있게 된다?

달과 지구의 미래 모습은 신기한 느낌

달은 하늘에서 태양만큼이나 눈에 띄지요. 그럴 만도 한 것이 우리가 보는 달의 크기는 태양과 거의 똑같아요. 사실 태양이 400배나 더 크지만 달이 400배 더 가까이 있기 때문에 거의 같은 크기로 보이는 거예요.

지구와 달의 거리는 약 38만 km입니다. 지구의 둘레가 4만 km이니 38만 km는 지구의 9배 반, 어른의 걸음으로 11년이 걸리는 거리지요. 그런데 달은 사실 1년에 3.8cm, 100년에 약 4m의 속도로 지구에서 멀어지고 있어요. 반대로 생각해 보면 달이 갓 생겨난 먼 옛날에는 10배나 더 크게 보였다는 거예요.

달은 지구에서 자전 에너지를 얻어서 멀어지고 있어요. 그래서 지구의 자전은 조금씩 느려지고, 달은 멀어지면서 천천히 지구의 주위를 돌게 되지요(공전). 이대로 가면 달의 공전 주기(한 달)는 현재의 30일에서 50일 정도까지 길어지고, 지구의 하루도 마찬가지로 50일에서 안정될 거예요. 그때 지구에서 보면, 달은 하늘에서 한 자리에 계속 머무르며 차고 기울기를 반복하는 기묘한 모습이 될 거고요.

하지만 그건 몇십억 년이나 나중을 계산할 때의 이야기예요. 실제로는 그전에 태양의 수명이 다하고 말 것이기 때문에, 아쉽지만 미래의 지구 생명체가 그 풍경을 감상하고 있을 리 없지요…. 만약 '지금 당장 달이 멀어진다면?'이라고 계산을 해 본다면, 달은 지구에서 중력이 가장 강한 인도양 상공에 딱 멈춰 그곳에서 차고 기울 거예요. 그 신기한 세계에서는 달을 본 적이 없는 지구 반대편 사람들에게 '인도양 달 투어'가 인기 있을지도 모르지요.

미래의 한국에서는 달을 못 보는 건가….

우주 편 8

보석이 통째로 행성으로! 다이아몬드 별이 존재한다

보석을 좋아한다면 그냥 지나칠 수 없다!
가격을 측정할 수 없는 보물

태양의 미래도 다이아몬드 별?

지구상의 광물 중 최고의 단단함을 자랑하는 다이아몬드. 색이 없고 투명하며, 잘 다듬으면 비싼 장신구가 되지요. 다이아몬드로 이루어진 별이 있다면 한 번 보고 싶지 않나요?

태양처럼 스스로 빛나는 별을 '항성'이라고 해요. 항성은 연료인 수소에서 헬륨을 만들어 내는 핵융합이라는 방법으로 에너지를 생산하며 빛나는데요. 태양도 지금 그렇게 해서 우리를 비춰 주고 있는 거예요.

그러면 당연한 이야기지만 연료는 언젠가 바닥이 나겠지요. 태양 크기의 항성은 수소가 없어지면 헬륨을 이용해서 핵융합을 시작해요. 헬륨 핵융합에서는 탄소가 생겨나는데, 태양 정도 무게의 항성은 여기서 핵융합이 멈춰요. 더 이상 에너지를 만들어 낼 수 없게 되어, 자기 무게에 짓눌려 쪼그라들며 차갑게 식어 가는 천체가 되지요. 이 상태의 항성을 '백색왜성'이라고 하며 이것이 태양의 미래입니다. 백색왜성은 지구 크기까지 줄어드는데, 원래 컸던 것(※)이 무서울 만큼 꽉꽉 뭉쳐지기 때문에 밀도가 아주 높아져요. 각설탕 한 개만 한 부분이 무려 1톤 무게가 되지요!

탄소에 높은 압력을 가하며 식히면 다이아몬드가 되니, 백색왜성 속에서도 탄소가 꽉꽉 뭉쳐지고 마지막에 식으면 다이아몬드가 생겨나겠지요. 그렇다고는 해도 다 식는 데에는 우주의 나이보다도 긴 시간이 걸리기 때문에 직접 확인한 사람은 아직 없어요.

※태양의 지름은 지구의 109배, 무게(질량)는 33만 배.

다이아몬드 별은 더 있을지도?

태양보다 작은 천체에서도 다이아몬드를 찾을 수 있다?

다이아몬드가 풍부한 행성이 있을 것 같다는 연구 결과가 발표됐어요. 게자리 55번 별e가 그중 하나예요. 우주에는 다이아몬드 별이 더 있을지도 모르지요.

제2장 우주편

우주 편

9. 항성이 죽음을 맞이하면 단단히 뭉친 천체가 된다

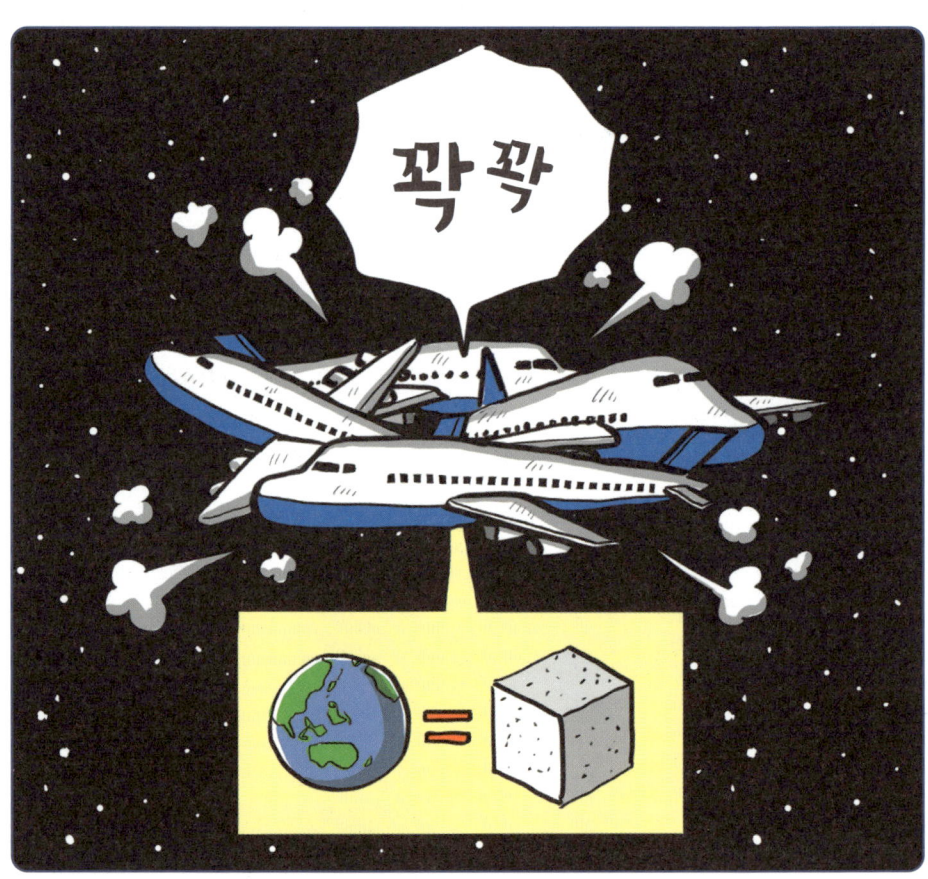

점보 비행기들이 꽉꽉 뭉쳐져서
각설탕만 한 크기가 된다!

너무나도 끔찍한 항성의 최후

앞 페이지에서 백색왜성은 태양 크기의 항성이 나이를 먹어 꽉꽉 뭉쳐진 상태라고 설명했어요. 우리의 태양도 항성이니 수십억 년 후에는 어두워지고 차갑게 식어서, 작고 무거운 백색왜성이 될 것으로 예상돼요.

한편 태양보다 8배 이상 무거운 항성의 최후는 더 과격한데요. 중심의 탄소가 새로 핵융합을 시작해서 산소, 질소, 마그네슘, 규소, 이런 식으로 차례차례 새로운 원소를 만들어 내요. 마지막에 철이 생겨나면 핵융합이 멈추지요. 항성은 핵융합을 통해 빛남으로써 자신의 무게를 지탱하기 때문에, 핵융합이 멈추면 에너지를 만들어 내지 못해서 자신이 만든 철의 무게로 폭삭 찌부러지게 돼요. 이렇게 해서 생겨나는 것이 '중성자성'입니다. 찌부러질 때의 대폭발을 '초신성 폭발'이라고 해요. 너무나도 강력한 폭발이어서 원래 있던 항성이 날아가 버리고, 중성자라는 원자를 만들어 내는 지름 20km 정도의 둥근 덩어리가 중심에 남지요.

중성자성이 꽉꽉 뭉쳐진 정도(밀도)는 우리의 기대를 배신하지 않아요. 지름 20km의 구체에 태양계 전체를 욱여넣은 것이나 마찬가지여서, 뭉쳐지고 또 뭉쳐진 각설탕 한 개 크기의 부분이 백색왜성의 경우를 한참 뛰어넘는 5억 톤이랍니다. 예를 들면 커다란 점보 비행기들을 한 줄로 세워 지구 다섯 바퀴를 돌 만큼 많이 준비해 놓고, 그 비행기들을 각설탕 하나 크기에 담는 거예요. 상상조차 할 수 없이 단단히 뭉쳐진 상태지요.

마지막으로 잠시 상상해 볼까요? 우주 공간에서는 소리가 나지 않아요. 그래서 아무리 과격하고 힘찬 폭발이라도, 실제로는 아무 소리가 나지 않는 채로 모든 것이 산산조각 나지요.

우주 편

10
끝없이 펼쳐진 은하계는
한 바퀴 도는 데에 2억 년 걸리는 넓이

우리가 있는 태양계는
커다란 은하계의 아주 작은 일부

우리는 우주 속을 굉장한 속도로 날아간다

지구는 태양 주위를 돌고, 이것을 '공전'이라고 해요. 공전 궤도의 길이는 약 9억 km, 공전 속도는 시속 10만 km예요. 여러분은 지금 이 순간도 지구라는 커다란 바위에 올라타고 태양 주위를 굉장한 속도로 돌고 있는 거예요. 태양 주위에는 수많은 천체(행성, 위성, 소행성, 혜성 등)가 태양의 중력에 이끌려서 모여 있지요. 이 집단이 바로 '태양계'입니다. 지구와 마찬가지로 태양계의 다른 친구들도 각자의 공전 궤도를 각자의 속도로 계속 돌고 있어요.

그리고 이 태양계는 더 큰 '은하계(※)'의 일원이에요. 은하계는 태양의 친구인 항성들이 1천억 개 이상 모여 있는 커다란 항성 집단이에요. 우리에게는 가장 밝고 특별한 태양도, 알고 보면 은하계의 수많은 항성 중 하나일 뿐이지요.

은하계는 납작한 소용돌이 모양이에요. 태양계는 은하의 중심에서 2만 6천 광년 정도 떨어져서 은하의 중심 주위를 돌고 있고요. 그 속도는 무려 시속 86만 km입니다. 여러분은 지구를 타고 태양의 주위를 돌고 있을 뿐 아니라, 은하계 속을 빠른 속도로 여행하고 있는 거예요.

은하계 소용돌이의 넓이는 대략 10만 광년이에요. 10만 광년은 초속 30만 km로 우주에서 가장 빠른 빛조차도 10만 년이 걸리는, 상상을 뛰어넘는 거리지요. 은하계는 너무나도 커서 시속 86만 km인 태양계도 한 바퀴 도는 데에 2억 년이 넘게 걸려요. 태양계는 태어난 지 46억 년이 됐으니, 지금까지 대략 20바퀴 정도 은하계를 돌았겠네요.

※우리은하라고도 해요.

제2장 우주편

우주 편

★ 11

블랙홀 속에서는 모든 것이 스파게티가 된다

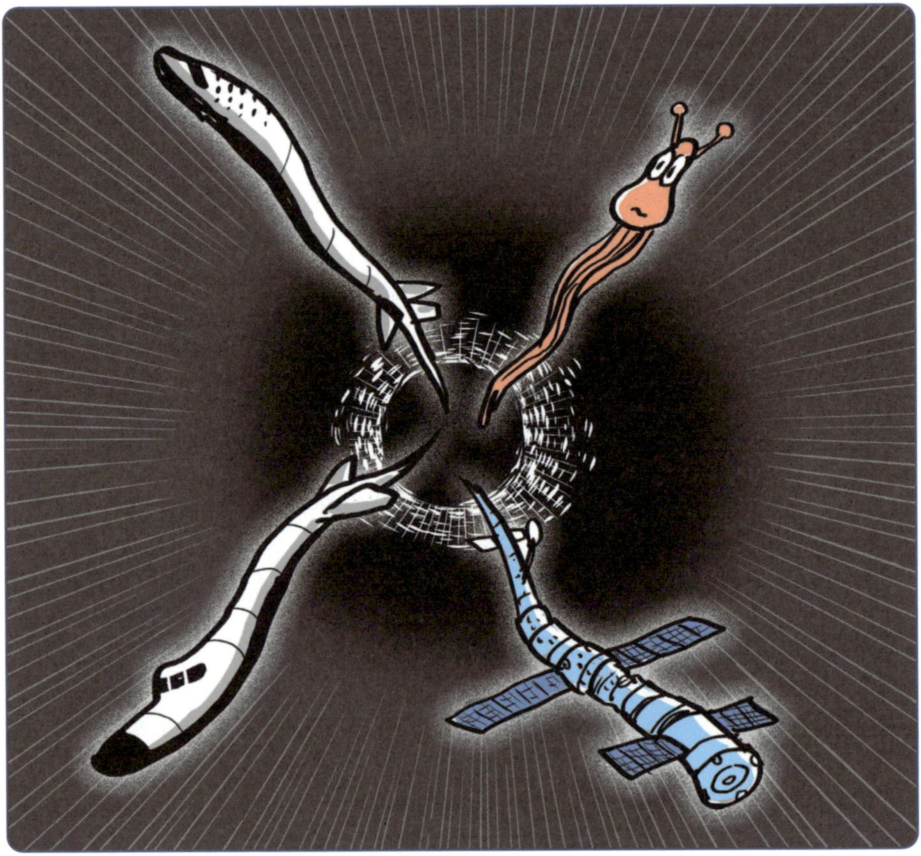

모든 것이 길고 가늘어진다?
웬만한 공포영화보다 무서워!

블랙홀은 국수를 좋아해

'블랙홀은 뭐든지 빨아들이는, 정체를 알 수 없는 두려운 존재.' 이렇게 생각하는 사람도 많겠지요. 우주의 검은(블랙) 구멍(홀)으로 빨려 들어간다고 상상하면 확실히 무서운데요. 하지만 블랙홀은 우주에 뻥 뚫린 구멍이 아니라 어엿한 천체랍니다.

천체에는 중력이 있고, 천체를 떠나 우주로 나오려면 빠른 속도로 중력을 벗어날 필요가 있어요. 지구에 있을 때는 시속 4만 km로 날면 우주로 나올 수 있지만(※) 블랙홀의 중력은 너무나도 강력해요. 그 주변도 중력이 비정상적으로 강해서, 밖으로 나오고 싶어도 그 강한 중력 때문에 우주에서 가장 빠른 빛조차 빠져나오지 못하지요. 빛조차 한 번 들어가면 다시 빠져나오지 못하기 때문에, 블랙홀은 눈에 보이지 않는(블랙) 구멍(홀)과도 같은 천체예요.

여기서 잠깐. 한 천체가 다른 천체를 잡아 늘여서 찌부러트리는 '조석력'이라는 힘이 있는데요. 블랙홀은 이 조석력도 극단적으로 강해요. 여러분이 자칫해서 블랙홀에 가까이 갔다가 발끝을 집어넣기라도 하면, 발끝은 발목보다 더 강하게 당겨지고, 발목은 무릎보다 더 강하게 당겨지고, 무릎은 엉덩이보다 더 강하게 당겨지고, 엉덩이는 허리보다 더…. 여러분의 몸은 순식간에 국수처럼 길고 가느다랗게 늘어났다가 끝내 갈가리 찢기고 만답니다. 이것을 '스파게티화 현상'이라고 해요. 아무리 튼튼한 물체라도 길고 가느다랗게 늘어나 버리지요. 국수를 좋아하는 블랙홀이 가까이 다가온다고 생각하면 너무나도 겁이 날 거예요. 상상만으로도 오싹하네요.

※탈출 속도라고 해요.

국수 종류라면 역시 파스타지!

우주 편 12
제2의 지구는 수없이 많다
지적 생명체가 있을 가능성도

물이 있는 별이라면 생명체가 있을지도?

외계인은 있을까? 없을까?

외계인은 있을까요?

지구의 생명체는 탄소, 산소, 수소, 질소, 칼슘 등으로 이루어져 있어요. 수소 외에는 모두 항성의 핵융합으로 생겨난 물질인데요. 다시 말해 우리 몸의 재료는 항성이 오랜 시간에 걸쳐 만들어 낸 거지요. 은하계만 해도 1천억 개를 넘는 항성이 있으니 우주 여기저기에 생명의 재료가 있을 거예요. 그래서 많은 천문학자들은 이렇게 생각합니다. '무수히 많은 항성 주위를 도는 무수히 많은 행성 중에는 제2의 지구가 있고, 그곳에는 분명 생명체가 있다!' 최근에는 태양계 바깥에서도 행성이 많이 발견되었고(※1) 그중에는 지구와 닮은 행성도 있는 듯하다고 하니 '제2의 지구 그리고 작은 생명체 발견!'이라는 소식을 들을 날이 머지않았는지도 모르겠네요(※2).

그러면 한발 더 나아가 '문명을 이룩한 지적 생명체가 있을까?'라는 질문은 어떨까요? 지구처럼 생명체가 넘쳐 나는 행성에서도 문명을 이룩한 생명체는 인간뿐이지요. 게다가 생명의 진화는 지구의 환경 변화에 맞춰 자유롭게 일어난 것으로 추측되니, 가령 공룡을 멸종시킨 거대 운석이 다른 시대에 떨어졌다면 지금 인간은 없을지도 몰라요.

그렇다고는 해도 행성이 무수히 많다면 역시 그중 어딘가에는 지적 생명체가 있을 것 같기도 하네요. 그 생명체는 어떤 모습일까요? 인간과 닮았을까요? 착할까요? 공격적일까요? 하지만 설령 지적 생명체(외계인)가 같은 은하계의 비교적 가까운 곳에 있다고 해도, 접촉하기 위해서는 서로의 문명이 멸망하지 않고 오래 살아남아야 할 거예요. 우리 지구인들은… 그렇게 할 수 있을까요?

※1 '외계 행성'이라고 해요. 2023년 말까지 5,500개 이상이 발견됐어요.
※2 물이 액체 상태로 존재하고 생명체가 있을 가능성이 있는 영역을 '생명 가능 지대' 혹은 '골디락스 존'이라고 해요.

13 우주 편

우주의 95%는 밝혀지지 않았다
수수께끼 물질이 가득

시작과 끝이 똑같음을 나타내는
'우로보로스'

우주 연구는 자기 꼬리를 문 뱀?

여러분의 몸은 작은 알갱이(원자와 그것을 이루는 작은 재료)들로 이루어져 있어요. 입고 있는 옷, 컵, 호흡하는 공기, 하늘의 태양, 머나먼 은하까지…. 모두 마찬가지예요. 하지만 우리가 이렇게 보고 만질 수 있는 '보통 물질'은 사실 우주 전체로 보면 많지 않은데요. 우주가 무엇으로 이루어져 있는지 자세히 조사해 보면 '보통 물질'은 우주 전체의 겨우 5%라고 해요.

그렇다면 '보통'이 아닌 나머지는 뭘까요? 거의 70%는 우주를 밀어내서 팽창시키는 정체불명의 힘이라는 사실이 밝혀졌어요. 눈에 보이지 않는 힘이기 때문에 '암흑 에너지'라고 하지요.

나머지 25%는 '보통 물질'과 거의 반응하지 않지만 무게가 있는 물질이고, 마찬가지로 정체불명이에요. 이 물질은 '암흑 물질'이라고 해요. 암흑 물질의 정체는 아직 발견되지 않은 소립자(물질을 이루는 가장 작은 알갱이)일 것으로 추측되고요. 암흑 물질은 정체불명이지만, 암흑 물질 덕분에 빠르게 회전하는 은하에서 별들이 튕겨 나가지 않고, 은하들의 집단인 '은하단'에서도 은하들이 튕겨 나가지 않는 모양이에요.

우주의 나머지 95%에 대해서 알기 위해 다양한 각도에서 연구가 이루어지고 있어요. 신기하게도 연구자들은 '작은 소립자의 세계를 이해하면 커다란 우주도 이해할 수 있다'라고 생각한답니다. 이렇게 돌고 도는 관계는, 자기 꼬리를 문 뱀 '우로보로스'에 비유돼요(※). 세상에서 제일 큰 우주와 세상에서 제일 작은 소립자가 서로 깊은 관련이 있다니 재미있지요.

※1979년 노벨상을 받은 소립자 물리학자 셸던 L. 글래쇼 박사는 우로보로스 그림을 이용해서 소립자 연구가 우주의 이해와 깊은 관련이 있음을 보여줬어요.

제2장 우주편

작은 것에서 우주를 알 수 있다니 신기해!

점점 더 커지는 우주는 나중에 어떻게 될까?

암흑 에너지

수수께끼의 힘 '암흑 에너지'가 우주를 점점 넓히고 있다!

텅 빈 우주라는 슬픈 결말?

우주는 138억 년 전부터 점점 커지기 시작한 걸로 추측돼요. 지금도 계속 팽창하고 있지만, 연구자들은 '팽창은 우주가 생겨났을 때의 빅뱅(※1)에서 비롯되었으므로 점점 느려질 것이다. 그리고 언젠가 우주는 줄어들기 시작할 것이다.'라고 생각했어요.

그런데 1997년, 멀리 떨어진 초신성(※2)을 관측했더니 놀라운 사실이 발견됐어요! 우주의 팽창은 느려지기는커녕 빨라지고 있었던 거예요. 아무도 생각하지 못했던 일이기 때문에 연구자들은 기절할 만큼 놀랐지요. 철저히 조사해 보자 우주는 대략 60억 년 전부터 점점 더 빠르게 팽창하고 있었던 것 같다는 사실이 밝혀졌어요. 우주 전체를 팽창시키는 이 힘이 앞 페이지에서 소개한 '암흑 에너지'예요. 지금도 우주를 계속 팽창시키는 수수께끼의 힘이지요.

우주가 앞으로도 계속 팽창하면 어떻게 될까요? 다양한 설이 있는데요. 그중 하나에 따르면, 팽창 속도가 어느 한계를 넘어서면 은하끼리 서로 멀어져서, 망원경을 아무리 들여다봐도 이웃 은하가 보이지 않게 될 거예요. 은하계 안에서도 별끼리 서로 멀어지기 때문에 우주의 어디를 바라봐도 빛 한 점 없는 캄캄한 어둠이 되고요. 마지막에는 천체를 이루는 재료도 산산이 흩어지고…. 이윽고 우주는 아무것도 없고 아무 일도 일어나지 않는, 그저 계속 팽창하기만 하는 어두운 공간이 되는 거지요. 이 설을 갈가리 찢긴다는 뜻의 '빅 립 이론'이라고 해요. 여기서 지금의 지구를 한 번 둘러봅시다. 색색의 생물과 풍경이, 방금 이야기를 듣고 나니 조금 달라 보이지 않나요?

※1 우주가 폭발적으로 팽창하기 시작한 현상.
※2 별이 나이를 먹은(진화한) 끝에 밝게 폭발하는 현상. 이 발견에서는 최대 밝기가 정해져 있는 Ia형 초신성이라는 종류를 여러 개 관찰했어요.

우주편 15

새로운 별자리 등장! 이름하여 뱀주인자리

전갈자리와 궁수자리 사이에 13번째 별자리가 추가된다?

죽은 자마저 살려내는 슈퍼 의사

별자리는 밤하늘의 밝은 별들을 연결해서 만들어 내는 인류 최대의 그림이에요. 여러분도 눈에 보이는 별들을 가지고 자유롭게 별자리를 만들 수 있지만, 전 세계에서 공통으로 사용하는 별자리들도 있지요. 그것이 1928년 국제천문연맹이 정리한 88개 별자리와 그 경계선이에요. 천문학에서는 이 경계선을 마치 하늘의 주소처럼 연구에 활용하고 있지요.

태양은 1년 동안 별자리들 앞을 지나가는 것처럼 보여요. 그 길을 '황도'라고 합니다. 별자리 운세에 사용하는 별자리들은 이 황도에 있는 12개 별자리(황도 12궁)예요. 한편 천문학에서 사용하는 별자리의 경계선을 보면, 황도에 있는 별자리는 사실 13개…! '뱀주인자리'의 영역이 '전갈자리'와 '궁수자리' 사이에 조금 끼어 있어요. 1990년대 후반 점성술사들 사이에서는 13궁 점성술이 살짝 유행했다고 해요. 하지만 13이라는 숫자가 불길하게 여겨지기 때문인지, 아니면 뱀이 인기가 없기 때문인지, 그다지 널리 퍼지지는 않은 모양이에요.

뱀주인자리는 의학의 신 아스클레피오스의 모습이에요. 그리스 신화에서 아스클레피오스는 뱀이 약초로 상처를 치료하는 모습을 보고 명의가 되었다고 해요. 그런데 의술이 너무 뛰어나서 죽은 사람마저 살려내는 바람에, 난처해진 저승의 신과 신들의 왕 제우스가 아스클레피오스의 목숨을 빼앗아서 하늘로 데려갔다는군요.

아스클레피오스의 지팡이가 WHO의 상징으로

그리스 신화의 의학의 신이 세계의 의학을 보살핀다

아스클레피오스의 이야기는 불쌍하지만, 유엔의 전문 기구 중 하나인 WHO(세계보건기구)의 로고에는 아스클레피오스의 지팡이가 사용되고 있어요.

우주 편
16
별은 자유롭게 움직인다
가까운 미래에 별자리도 달라질까?

별의 위치가 달라지면
별자리의 이름도 달라져야 할지도?

새로운 별자리가 탄생할 가능성도

별(항성)은 제각기 따로따로 움직여요. 이 움직임을 고유 운동이라고 하지요. 고유 운동을 발견한 사람은 핼리 혜성으로 유명한 영국의 천문학자 핼리인데요. 1718년 핼리는 기원전 150년경의 그리스 천문학자 히파르코스의 기록과 비교해서 별 몇 개의 위치가 달라졌다는 사실을 발견했어요.

별들은 은하계 속에서 2억 년에 걸쳐 둥글게 돈다고 앞에서 이야기했지요. 그런데 각자가 조금씩 다른 속도와 다른 방향으로 움직이기 때문에 지구에서 보기에는 저마다 제멋대로 움직이는 것처럼 보여요. 다만 별은 멀리서 빛나기 때문에 수십 년이라는 짧은 시간 동안 보이는 위치는 거의 변함없지요. 수천 년, 수만 년이 지나면 많은 별이 지금과는 다른 위치로 가게 돼요. 특히 많이 움직이는 것이 뱀주인자리에 있는 바너드별인데요. 이 별은 태양계와 두 번째로 가까운 항성이지만(※) 지구에 가까워지는 방향으로 움직이기 때문에 1만 년 후에는 태양계와 가장 가까운 항성이 될 거예요.

별자리와 별의 배열도 지구에서 봤을 때의 배열이기 때문에, 별이 저마다 다르게 움직이게 되면 별자리와 별의 배열도 달라지지요. 예를 들어 국자 모양이 특징인 '북두칠성'은 20만 년 후에는 방향이 뒤집힐 거예요. 또 목동자리의 1등성 아르크투르스가 움직여서 목동자리의 몸통이 길어지고, 칠석 이야기로 알려진 직녀성(베가)과 견우성(알타이르)은 7만 년 후에는 영원히 헤어질 거라고 해요. 지금의 별자리들이 흩어지면서 또 다른 재미있는 별자리가 생길지도 모르겠네요.

제2장 우주편

※현재 태양에 가장 가까운 항성은 4.2광년 떨어진 프록시마 센타우리.

새로운 별자리 보고 싶다! 기대되네!

우주 편
17

북극성은 하나가 아니다?
시대에 따라 달라졌다

북쪽 하늘의 밝은 별
사실은 움직이지 않는 별이 북극성이었다

지구는 앞뒤 양옆으로 흔들리며 돈다

언제나 북쪽 하늘에 떠 있는 '북극성'은 북쪽을 알려 주는 편리한 별이에요. 북극성은 작은곰자리에 있는 2등성 폴라리스인데요. 지구의 자전축을 북쪽으로 이어 나간 곳에서 밝게 빛나는 별이지요.

지구의 자전은 조금 기울어서 돌아가는 팽이에 비유할 수 있어요. 회전하는 팽이의 축이 조금씩 흔들리는 것을 본 적이 있나요? 마찬가지로 지구의 자전축도 태양, 달, 다른 행성들이 끌어당기는 힘에 영향을 받으며 조금씩 원을 그리듯 흔들리고 있어요. 이것을 '세차 운동'이라고 하지요.

축의 끝부분이 움직이기 때문에, 사실 북극성의 자리에 오는 별도 시간이 지나면서 달라지는데요. 지금은 우연히 자전축이 폴라리스를 향하고 있기 때문에 폴라리스가 북극성 대접을 받는 거예요.. 세차 운동의 주기는 약 2만 6천 년입니다. 지금 폴라리스를 향한 북극의 축은 세차 운동을 통해 폴라리스에서 천천히 멀어질 거예요. 1만 2천 년 후에는 칠석 이야기의 직녀성(거문고자리 1등성 베가)을 향하고요. 직녀성이 새로운 북극성이 되는 거지요. 반대로 지금보다 5천 년 전, 피라미드의 시대에는 용자리의 3등성 투반이 북극성이었어요. 축이 언제나 밝은 별만 향하는 것은 아니기 때문에, 지구 역사 중 대부분의 시대에는 북극성에 걸맞은 밝은 별이 없었지요.

세차 운동으로 밤하늘에 보이는 별들도 달라지는데요. 지금보다 1만 년 전에는 지금의 서울 부근에서 남십자성이 보였다고 해요. 남십자성은 현재 남반구를 대표하는 별자리예요.

지금은 북극성을 볼 수 있는 희귀한 시대구나.

우주 편 18
운석은 갑자기 찾아온다
소행성이 충돌하는 날

거대한 운석이 지구에 떨어지면
커다란 피해를 주기도 한다

거대 운석이 떨어지기 전에 할 수 있는 일이란?

만약 내일 지구에 운석이 떨어진다면…. 여러분은 어떻게 할 건가요? 운석은 대부분 소행성에서 떨어져 나온 조각이에요. 작은 운석은 흔히 떨어지고 큰 운석도 아주 가끔 떨어집니다. 한 예로 6,600만 년 전 공룡이 멸종한 이유는 지름 10km인 거대 운석이 떨어졌기 때문으로 추측돼요. 1908년에는 시베리아 상공에서 50m가량의 운석이 폭발해 사방 20km가 불탔지요. 2013년에는 러시아의 첼랴빈스크주에 운석이 떨어져서 사람들도 피해를 보았어요.

초거대 운석이 땅에 떨어지면 흙먼지가 피어올라 태양 빛을 가리기 때문에 '핵겨울'과 비슷한 상태가 돼요. 지구가 추워져서 식물이 시들고 동물은 먹이를 구하지 못하게 되지요. 지구는 70%가 바다인데, 바다에 거대 운석이 떨어지면 거대 해일이 돼서 땅을 덮칠 거예요.

그나마 피해를 줄이기 위해서는 어떻게 해야 할까요? 우선 어떤 크기의 소행성이 얼마나 있는지 조사하고, 위험한 소행성은 일찍부터 신경을 쓸 필요가 있어요. 충돌을 피할 방법을 연구하고, 만일의 사태가 일어나면 어떻게 사람들에게 알리고 어떻게 안전히 피난시킬 것인지 생각하는 일도 중요하지요.

천체 충돌 문제를 다루는 '행성 방어'라는 세계적 활동도 있어요. 다만 운석은 지구 어디에 떨어질지 알 수 없기 때문에 전 세계 사람들과 협력할 필요가 있지요. 천체 충돌은 모든 지구인의 공통된 문제인 거예요. 재해의 일종으로 여기고 대비하기 등, 여러분도 일상에서 할 수 있는 일이 분명히 있을 테니 꼭 생각해 봅시다.

제2장 우주편

운석이 떨어지기 전에 저금통 숨겨야지!

우주 편
19
감마선 폭발에 맞아서 지구가 사라져 버릴지도?

감마선 폭발의 위력은
태양의 평생 에너지와 맞먹는다!

악마의 빔이 우리를 향한다면…

'감마선 폭발'은 우주에서 가장 규모가 큰 폭발 현상(※)이에요. 그 에너지는 엄청나서, 태양이 평생 내보낼 에너지를 단 10초 정도에 전부 내보낼 정도예요. 감마선 폭발 중 일부는 태양보다 훨씬 무거운 항성의 초신성 폭발과 관계가 있는 모양이에요. 자전축 방향으로만 강렬하게 뿜어져 나오는 감마선 빔이 우연히 지구 방향을 향하면 우리가 관측할 수 있다고 하는군요.

멀리 있는 별의 감마선 폭발은 위험하지 않아요. 하지만 같은 은하계에서 감마선 폭발이 일어나고, 게다가 운 나쁘게 빔이 지구를 향하면 큰일인데요. 감마선 빔은 아주 강력해서 지구의 오존층을 파괴할 거예요. 그리고 그곳으로 해로운 자외선이 쏟아져서 생명체들의 DNA를 파괴하겠지요. 2022년에는 20억 광년 떨어진 우주에서 날아온 빔이 지구를 스쳤어요. 만약 이 빔이 가까운 거리에서 지구를 직격했다면…. 지구는 멸망했을지도 모릅니다. 지구가 추워지는 현상도 일어날 것으로 추측돼요. 옛날의 대멸종 중 하나는 감마선 폭발이 가까이에서 지구를 직격한 것이 원인일지도 모른다는 연구도 있어요.

초신성 폭발은 은하계에서 100년에 한 번 정도 일어나요. 그중 단 1%만이 지구를 향하는 악마의 빔이라고 해도, 지구의 역사가 46억 년인 것을 생각하면 무려 46만 번…. 우리의 지구는 어쩌면 가혹한 감마선 빔을 수없이 맞아 온 행성일지도 모르지요. 참고로 가까운 미래에 초신성 폭발을 일으킬 듯한 가까운 항성들을 조사해 보면, 다행히 빔의 방향이 지구를 향하지는 않는다고 해요. 조금 안심되네요!

※'감마선'은 방사선 촬영에 사용하는 엑스레이보다 더 에너지가 높은, 빛의 친척이에요(전자파).

제2장 우주편

우주 편

20
가까이에서 초신성 폭발이 일어난다면?
오른쪽 어깨를 잃은 오리온자리

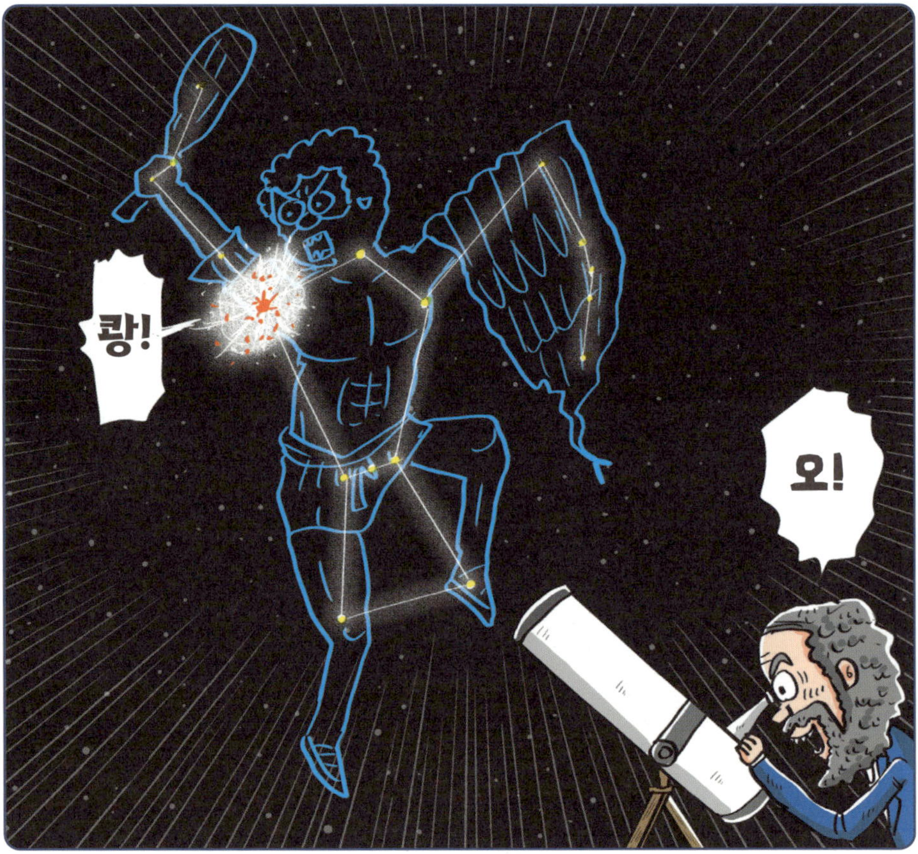

천문학자들은 베텔게우스의 폭발을
손꼽아 기다린다?

세기의 우주쇼가 곧 펼쳐진다?

"베텔게우스는 언제 폭발할까?" 하고 궁금해하는 사람들이 많아요. 베텔게우스는 오리온자리에서 사냥꾼 오리온의 어깨에 있는, 불그스름하고 밝게 빛나는 별이에요. 항성의 붉은색은 죽음이 다가온다는 신호인데요. 2019년 가을에서 2020년에 걸쳐 베텔게우스가 1등성에서 2등성으로 어두워졌을 때 전 세계가 "드디어?" 하고 술렁였어요. 하지만 그 후 베텔게우스는 아무 일 없었다는 듯 원래 밝기를 되찾았지요. 최근 연구에 따르면 폭발은 '곧' 일어날 것이지만, 수만 년 후일 수도 있다고 해요. 천문학자들의 '곧'은 차원이 다르네요.

조선 왕조의 공식 역사서인 조선왕조실록에는 초신성에 대한 기록이 몇 번 나타나요. 예로 1604년 음력 9월 21일자 『선조실록』에는 '객성'이 나타났다는 기록이 나와요. 이 객성이 초신성이에요. 이 초신성은 독일의 천문학자 요하네스 케플러가 관측했다고 해서 '케플러 초신성'이라고도 불러요.

베텔게우스가 폭발하면 어떻게 될까요? 베텔게우스의 축은 지구 방향이 아니기 때문에 앞 페이지에서 이야기한 감마선 폭발의 영향은 없을 거예요. 초신성 폭발이 가까이에서 일어나면 생명에 위험한 고에너지 입자가 날아오겠지만, 베텔게우스는 500광년 떨어져 있으니 이 부분도 걱정 없네요. 천문학자들은 초신성 폭발을 차근차근 관찰할 수 있는 기회라며 베텔게우스의 장렬한 최후를 손꼽아 기다리고 있어요. 폭발하면 아마 반달 정도의 밝기로 빛날 것으로 예상되니까, 분명 다 같이 즐길 수 있는 신나는 우주쇼가 될 거예요.

별자리 모양이 바뀐다니 보고 싶다!

우주편 21

지구가 얼음별이 되는 날
'눈덩이 지구'는 다시 찾아올까?

지구는 이제까지 세 번
얼음 행성이 된 적이 있다!

바다까지 꽁꽁! 얼어붙은 지구의 수수께끼

여러분이 생각하는 지구는 어떤 모습인가요? 지구는 '푸른 별' '물의 행성' '생명의 행성' 등으로 표현되지요. 지구는 대기와 물이 있고 수많은 생명체가 있는, 우주에서 드물게 온화한 환경을 가진 행성이에요.

그런데 지구에도 예전에는 전체가 완전히 얼어붙을 만큼 추운 '얼음 행성' 시대가 있었어요. 적도까지 영하 40도인 얼음 세상이었지요. 많은 사람이 아는 '빙하기'와는 차원이 달라서, 바다까지 얼어붙었기 때문에 '눈덩이 지구'라고 합니다. 눈덩이 지구는 22억 년 전, 7억 년 전, 6억 년 전, 이렇게 최소한 세 번 있었던 것으로 추측돼요.

천체는 일단 얼어붙으면 반짝반짝 빛나며 태양 빛을 반사하기 때문에 좀처럼 데워지지 않아요. 하지만 지구는 활발한 행성이기 때문에 ①화산 활동으로 이산화탄소가 늘어나고 ②온실효과로 얼음이 녹고 ③그대로 일단 뜨거워졌다가 ④얼음이 사라진 바다에 이산화탄소가 적당히 녹아들어서…. 지금의 딱 좋은 온도로 돌아왔어요.

그러면 생물들은 얼어붙은 지구에서 어떻게 살아갔을까요? '바다 바닥은 얼지 않았다' '화산 부근은 안전했다' 등으로 추측되는데요. 심지어 6억 년 전의 눈덩이 지구는 생물이 폭발적으로 늘어난 '캄브리아기 대폭발'로 이어졌다는 연구도 있어요. 눈덩이 지구를 계기로 진화가 더 많이 이루어지다니, 생명은 정말 씩씩하네요. 다행히 지금의 태양은 당시보다 밝아졌기 때문에 눈덩이 지구는 다시 찾아오지 않을 걸로 예상돼요.

제2장 우주편

지구가 꽁꽁 얼면 빙수를 실컷 먹을 수 있나?

우주 편

22
대규모 태양 플레어가 인간 사회를 파괴한다!

태양 플레어는 때때로
지구에 커다란 영향을 준다

태양이 사납게 날뛰는 그날

1989년 캐나다 퀘벡주에서 대규모 정전이 일어났어요. 정전은 9시간이나 이어져 600만 명의 생활이 멈춰 버렸지요. 복구에는 몇 달이 걸렸어요.

범인은 바로… 태양! 태양 표면에서 일어나는 폭발인 태양 플레어가 지구를 덮친 거예요. 태양은 약 11년 주기로 활발해졌다가 잠잠해졌다가 하는데요. 활발해지면 표면에 주근깨 같은 '흑점'이 늘고, 이따금 그 흑점 부근에서 태양 플레어가 생겨나 고에너지 전자파와 입자를 내보내요. 그중에서도 전기를 띤 입자(태양풍)가 지구로 많이 날아오면 아름다운 오로라를 볼 수 있지요.

한편 문제도 생겨요. 전기를 사용하는 사회에서 대규모 태양 플레어는 지상에 비정상적인 대규모 전류를 흘려보내 화재와 정전을 일으키기도 하거든요. 캐나다의 대규모 정전 때는 지상뿐만이 아니라 인공위성 통신에도 지장이 생겼어요.

만약 지금 사나운 태양풍이 지구를 덮치면 어떻게 될까요? 비행기 등의 운송 수단이 마비되고, 식량을 구하기 어려워지고, 스마트폰과 컴퓨터를 쓸 수 없게 되어 병원, 은행, 발전소 등 기능 대부분이 멈출 거예요. 커다란 재난이 될 수도 있는 거지요. 사실 이미 2012년 7월에 인류사 최대 규모의 태양 플레어가 발생했어요. 위험한 입자를 정통으로 맞아 문명이 붕괴할 수도 있는 위기였지만, 다행히 이때는 위험한 입자들이 지구를 직격하지 않고 그 옆을 스쳐 지나갔어요. 최근 연구에 따르면 위력이 그 1천 배인 '슈퍼 플레어'가 생겨날 가능성이 있다고 해요. 우리 인간은 지구의 이웃인 태양을 더 잘 알 필요가 있어요.

제2장 우주편

스마트폰을 못 하게 되면 안 되는데….

지구는 커다란 자석
자장이 우리를 지켜 준다

우주 방사선

지자기

우리는 눈에 보이지 않는
자장 방패로 보호받고 있다!

생명의 방패가 사라지는 날

지구는 커다란 자석이에요. 자석으로 된 자기 컴퍼스를 편평한 곳에 놓으면 빨간 N극이 북쪽을 향하지요. 지구의 북극 방향에 S극이 있다는 뜻이에요. 지구라는 자석의 힘은 중심의 '핵'에서 움직이는 액체 금속에서 나오는 걸로 추측되고, 지구가 만들어 내는 자석의 공간을 '지자기'라고 해요. 철새 중 일부는 지자기를 느끼는 센서가 몸속에 있어서, 그 센서를 잘 이용해 장거리 이동을 한다는군요. 또 지자기는 우주에서 날아오는 고에너지 입자(우주방사선)를 막아 줘요. 우리는 눈에 보이지 않는 방패로 매일 든든히 보호받고 있다고 할 수 있지요.

지구의 'S극과 N극'은 사실 자전축의 '북극점과 남극점'과 똑같지는 않고, 조금씩 변화하기도 해요. 평소 지자기의 변화는 눈에 보이지 않을 만큼 작지만, 지구의 오랜 역사에서는 수만 년에서 수십만 년마다 S극과 N극이 수없이 역전되어 왔다는 사실이 알려져 있어요.

운 나쁘게 지자기가 역전되는 순간을 맞닥뜨린다면…. 약해진 지자기의 틈새로 위험한 우주방사선이 쏟아질 테니, 최소한 지구 생물의 DNA는 순식간에 파괴될 가능성이 있어요. 태양계의 암석 행성 중에서 확실한 자장이 있는 건 지구뿐이에요. 그렇게 생각하면 우리가 행운의 주인공인 동시에, 지구는 역시 특별한 행성일지도 모르겠네요.

S극과 N극이 역전된 증거 '지바절'

지자기 변화의 모습이 지층에 남아 있다

가장 최근에 두 극이 역전된 77만 년 전의 모습이 일본 지바현 이치하라시의 지층 '지바절'에 남아 있어요. 역전 전후로 지자기가 약해진 흔적도 볼 수 있지요.

우주 편
24
거대 분자구름과 만나면 지구는 어떻게 될까?

사진: SPECULOOS Team/E. Jehin/ESO

우주 공간에 펼쳐진 성간물질
그중 짙은 부분이 분자구름

우주의 구름이 지구를 차갑게 만든다?

우주 공간은 텅 비어 있지 않아요. 옅은 가스와 약간의 먼지인 '성간물질'이 퍼져 있지요. 다만 평소에는 태양풍(고온이며 전기를 띤 입자의 흐름)의 장벽이 성간물질을 밀어내고 태양계 안을 지킵니다.

성간물질이 짙은 정도는 장소에 따라 다른데요. 특히 짙은 부분을 '분자구름'이라고 해요. 분자구름 속에서도 가스가 더 짙은 부분은 '별들의 요람'이라고 불리는, 항성이 태어나는 곳이 되고요. 우리의 태양도 46억 년 전에 이렇게 짙은 구름 속에서 태어난 걸로 추측돼요.

분자구름은 은하계의 원반 부분에 많아요. 태양계는 은하계를 2억 년에 한 바퀴 돈다고 앞에서 이야기했는데, 사실은 위아래로도 움직이기 때문에 원반의 짙은 부분을 위아래로 통과하며 돌지요. 그래서 태양계가 원반을 지날 때 분자구름과 만날 가능성이 있어요. 분자구름과 만나면 어떤 일이 일어날까요? 어떤 계산에 따르면, 거대한 분자구름일 경우 가스와 먼지가 태양풍의 장벽을 뚫고 들어온다고 해요. 특히 먼지는 지구의 대기에 쌓여 태양 빛을 가리기 때문에 지구 표면을 식히게 되지요. 예전에 있었던 눈덩이 지구 현상과 대멸종 중 일부는 거대 분자구름과의 만남이 방아쇠가 되었는지도 모른다는군요.

많은 연구자는 태양이 옛날보다 밝기 때문에 거대 분자구름이 다가와도 괜찮을 거라고 생각하는 모양이에요. 그렇다고는 해도 인류가 우주를 관찰하기 시작한 지는 아직 수백 년밖에 되지 않았어요. 상상을 뛰어넘는 거대한 분자구름과 만날 가능성도 전혀 없지는 않아요.

제 2 장 우주편

우주에는 별만 있는 게 아니구나!

적색거성이 되는 태양!
언젠가 지구를 집어삼킨다?

거대해지는 태양 때문에
식물은 시들고 바다는 펄펄 끓고…

지구는 삼켜질까? 살아남을까?

태양도 나이를 먹어요. 이것을 진화라고 하지요. 앞 페이지에서 잠시 이야기 했듯, 태양과 같은 항성들은 우주에 있는 가스에서 태어나는데요. 가스의 주된 성분은 수소예요. 항성은 핵융합을 통해 그 수소를 헬륨으로 바꾸어 에너지를 만들면서 빛나지요. 그리고 그렇게 해서 무너지지 않고 둥근 형태를 유지해요. 이 상태는 항성의 일생 속에서 가장 안정된 시기이지요. 태양도 지금 그 단계에 있어요.

연료인 수소는 언젠가 사라집니다. 그때가 되면 항성 중심에 생겨난 헬륨의 바깥 부분이 약하게 불타면서, 별 전체가 통통하게 부풀어 올라요. 그리고 표면 온도가 내려가서 '적색거성'이 됩니다.

태양이 적색거성이 되면 지금의 200배 정도로 빵빵하게 커지는데요. 그 후 중심에 있는 헬륨의 핵융합이 시작되면 일단 쪼그라들지만, 헬륨을 다 쓰고 나면 다시 200배로 빵빵해져요.

처음에 태양이 부풀어 오를 때 태양에 가까운 수성과 금성은 삼켜지겠지요. 지구는 공전 궤도가 딱 태양의 200배인데요. 태양에 삼켜질까요, 살아남을까요? …아슬아슬합니다. 어떤 설에 따르면 태양은 가스를 계속 뿜어내면서 무게가 가벼워지고, 그만큼 지구의 궤도가 바깥으로 밀려나기 때문에 지구는 삼켜지지 않을 거라고 해요. 그렇다고는 해도 빨갛고 빵빵한 태양이 지금보다 1천 배 더 밝게 빛날 것이기 때문에, 어차피 지구의 대기는 날아가 버리고 바다는 말라 버리겠지요. 다만 이건 50억 년 뒤의 이야기예요. 태양의 수명은 100억 년이고 지금은 딱 중년에 해당해요.

제 2 장 우주편

무섭지만 50억 년 뒤의 얘기구나~

우주 편

★26
미지의 생명체나 바이러스가 태양계 바깥에서 날아온다?

기묘한 천체가 굉장한 속도로
태양계를 통과했다!

우주에서 미지의 바이러스가 찾아온다?

2017년 색다른 천체가 발견됐어요. 아무래도 태양계 바깥에서 찾아온 듯했는데요. 길고 가느다란 막대기 같은 모양에, 조금 회전하는 것처럼 보이기도 했어요. 초속 87km라는 굉장한 속도로 통과한 그 천체의 형태와 움직임이 너무나도 기묘했기 때문에 "외계인의 우주선이다!"라고 말하는 사람들도 있었을 정도예요.

그 후의 조사에서는 길고 가느다랗기보다는 지름이 10m에서 100m 정도인 원반에 가까운 모양으로 추측됐지요. 이 천체에는 '오우무아무아'라는 이름이 붙었어요. 오우무아무아는 두 번 다시 돌아오지 않았기 때문에 많은 것을 알아낼 수는 없었지요. 어디서 왔는지, 어떻게 왔는지…. 다양한 설이 있지만 4억 년 정도 전에 먼 행성계에서 우주 공간으로 날아온 행성의 조각으로 추측돼요.

오우무아무아 같은 '성간천체'는 드물다고 여겨졌지만, 놀랍게도 2년 후에도 다른 천체가 빠른 속도로 태양계를 통과했어요. 이때는 혜성과 마찬가지로 가스를 분출했기 때문에, 관측을 통해 천체의 성분이 태양계와는 조금 다르다는 사실을 알아냈지요.

성간천체는 의외로 많을지도 모르지만, 그렇다면 지구와 부딪힐 확률도 올라가요. 성간천체에는 먼 별에서 태어난 생명의 흔적이나 미지의 바이러스가 실려 있을지도 모르고요. 우주를 여행하는 미지의 바이러스라니 조금 꺼림칙하기도 하네요. 하지만 지구 생명체들의 조상도 그렇게 우주를 여행해서 찾아왔을 수 있지요. 이것을 '포자설'이라고 해요.

제 2 장 우주편

27

우주도 지구와 마찬가지!
인공위성 사고가 날 수 있다

우주에도 교통 매너가 필요?
나라끼리 싸움이 날 가능성도

쓰레기가 쓰레기를 낳는 악몽

인류가 처음으로 인공위성을 쏘아 올린 것은 1957년이었어요(※). 매년 전 세계가 발사하는 인공위성의 수는 점점 늘어나, 2020년에는 2,300기를 넘었지요. 대부분은 우리의 생활을 돕는 통신위성과 기상위성이에요.

한편 우주 공간에는 고장 나거나 사용이 끝난 인공위성, 그리고 그 파편이 많이 남아 있어요. 이것을 '우주 쓰레기'라고 하는데요. 2020년 시점에서 우주 쓰레기는 몇 밀리미터 크기의 것까지 포함하면 1억 개 이상이라고 해요.

우주 쓰레기는 아주 골치 아픈 문제예요. 우주 쓰레기의 속도는 무려 권총 총알의 10배 이상이거든요! 금속 덩어리가 빠른 속도로 날아오는 것이니, 유영하던 우주비행사가 부딪치면 목숨을 잃을 수 있고 인공위성이 부딪치면 망가질 수 있지요.

우주에서 교통사고도 일어나기 쉬워지고 있어요. 2009년에는 미국 인공위성과 사용이 끝난 러시아의 인공위성이 부딪쳤지요. 이건 의도하지 않은 사고였어요. 하지만 일부러 충돌 실험을 하는 사람들이 나와서 국제적인 비난을 받은 적도 있어요.

우주 개발은 인류의 미래에 중요한 분야입니다. 하지만 우주 쓰레기와 인공위성이 우주에서 충돌하면 더 많은 우주 쓰레기가 생겨나고 말 거예요. 이제야 겨우 우주 쓰레기를 도로 가져오거나 줄이려는 노력이 시작됐어요. 우주 공간을 어떻게 활용할 것인지, 잘 생각하며 우주를 개발할 필요가 있겠지요.

※예전 소련이 쏘아올린 스푸트니크 1호.

우주 편
28
밀집성이 불러오는 상상하기 싫은 미래

슈우우우우웅!

만약 블랙홀이 다가오면
우리 모두 길게 늘어나 빨려 들어간다!

헤비급 중력으로 태양계에 대혼란을?

82페이지에서 작게 꽉꽉 뭉쳐진 항성을 소개했는데요. 이것을 '밀집성'이라고 해요. 백색왜성과 중성자성뿐만 아니라 블랙홀도 밀집성이랍니다. 그런 밀집성이 만약 아무도 모르게 지구에 다가온다면…?

미래에 인간은 소행성 접근에 대처할 방법을 찾을 수도 있지만, 밀집성은 손쓸 방법이 없을지 몰라요. 블랙홀이 다가오면 지구는 어쩔 도리 없이 국수처럼 길게 늘어나서 눈에 보이지 않는 특이점(※)으로 끌려들어 가겠지요. 삼켜지는 일을 운 좋게 피했다고 해도 밀집성은 강력한 중력으로 행성의 궤도를 비틀어 놓을 테니, 태양계에 다가오는 것만으로도 큰일이에요. 목성의 궤도가 지구 쪽으로 다가오면 줄무늬가 있는 거대한 목성이 하늘을 가득 채우고, 지구는 곧 목성에 끌려갈 수도 있어요. 지구 환경의 안정을 위해서는 지구가 축을 약간 비스듬하게 유지하며 태양 주위를 거의 원형 궤도로 안정되게 도는 것이 중요합니다. 지구의 궤도가 어긋나거나 자전축이 흔들리면 환경이 급변해서 생명체들이 목숨을 잃게 되지요.

지난 46억 년 동안은 그런 대사건이 없었던 듯하지만, 앞으로도 그럴 거라는 보장은 없어요. 은하계에는 고립된 밀집성이 수없이 많은 모양이니까요. 이 밀집성도 마찬가지로 은하 안에서 회전하니, 서로 가까워질 가능성은 높지는 않지만 아주 없지도 않아요. 안타깝지만 우리가 할 수 있는 일은 떠돌이 밀집성이 다가오지 않기를 바라는 것뿐….

※블랙홀 중심에 있는 아주 무거운 점. 빛도 탈출할 수 없는 블랙홀의 경계선을 넘어간 모든 것은 특이점으로 빨려 들어가요.

어쩌면 블랙홀이 우주 최강 일지도…?

인공 빛이 방해한다?
더 이상 볼 수 없는 은하수

도시의 불빛이 없어지면 집 마당에서
천체 관측이 가능할지도?

너무 밝은 빛은 정신건강 문제로

한국 89%, 미국 80%, 유럽 60%···. 대체 무슨 비율일까요? 바로 '은하수가 보이지 않는 지역에 사는 사람'의 비율이에요. 별이 잘 보이지 않는 가장 큰 원인은 조명인데요. 조명은 사람들의 생활에 없어서는 안 되지만, 필요 없는 곳까지 밝게 비추는 경우도 많지요. 그리고 빛을 비출 필요가 없는 밤하늘에도 인공 빛이 흘러든 결과, 희미한 빛이 모여서 이루는 은하수를 평생 본 적이 없는 사람들도 늘어났어요.

조명의 사용 때문에 일어나는 나쁜 영향을 '빛 공해'라고 해요. 빛 공해는 밤하늘에만 있는 게 아니에요. 한 예로 아기 바다거북은 밝은 곳을 향하는 습성이 있어서 거리의 불빛에 이끌려 바다와 반대 방향으로 가는 경우가 있습니다. 새, 반딧불, 다양한 식물이 빛에 의지하는 리듬을 가지고 있기 때문에 생태계가 심각한 타격을 입는 경우도 있지요.

나쁜 영향은 빛을 사용하는 우리에게도 돌아와요. 네온사인, 서치라이트 등의 강렬한 빛, 스마트폰에서 나오는 블루라이트는 우리 몸의 균형을 무너뜨려 불면, 초조함, 주의산만 등 정신적인 면에 영향을 미친다고 해요. 인간도 결국 오감으로 자연을 느끼며 균형을 유지하는 지구 생명체인 거지요. 그러니 "은하수가 뭐 그렇게 중요해?"라고 웃어 넘기는 것은 조금 위험할 수도 있어요.

에너지 면에서도 문제가 있는데요. 불필요한 빛은 에너지 낭비예요. 사람과 동식물이 더 좋은 환경에서 살아가기 위해서는 빛의 밝기, 방향, 시간대가 적절해야 해요. 아직 널리 알려지지 않은 문제지만, 슬슬 빛 공해에 대해 진지하게 생각할 때가 왔어요.

제2장 우주편

무조건 밝다고 좋은 게 아니구나!

우주 편

30

우주를 떠다니는 작은 바위
그것이 우리가 사는 지구

제공: NASA/Heritage Image/아프로

우주와 비교하면 조그맣지만
그래도 지구는 축복받은 별

우리는 인간이자 지구인

'태양계 가족사진'이라는 사진들이 있어요. 1990년 태양계 탐사선 보이저 1호가 60억 km 너머에서 여러 장 찍은 태양계 사진들인데요. 그중 한 장은 얼핏 보면 그저 어두운 우주 공간의 사진이에요. 그런데 잘 보면 창백하고 작은 점이 찍혀 있어요(※). 이것이 우주에서 본 우리 지구의 모습입니다. 지구는 은하계를 2억 년에 걸쳐서 돌며, 때때로 거대 지진과 화산 분화를 일으키고, 지자기가 역전되고, 통째로 새하얗게 얼어붙고, 거대 운석의 습격을 받기도 했어요. 46억 년 동안 지구 환경은 전혀 평온하지 않았고, 앞으로도 다양한 요인으로 달라지겠지요.

한편으로 지구는 태양에서 딱 좋은 거리에 있고, 딱 좋은 크기의 달이 있고, 안정된 자전축을 가지고 자전하며, 안정된 원형 궤도로 공전하고 있어요. 그 덕분에 금성처럼 불지옥이 되지도 않고 화성처럼 대기가 날아가지도 않으면서, 수백만 종의 생명체가 살아가는 활기찬 행성의 모습을 유지할 수 있지요. 지구는 우주에서 드물게 축복받은 행성이에요.

우리가 이미 잘 알고 있듯 지구에는 인간이 번성하고 있어요. 인간은 곧잘 싸움을 하려 드는 면도 조금 있지만, 지혜가 있고 서로 도울 줄 아는 생물이지요. 서로 협력하면 지구 전체 규모의 어려움도 극복할 수 있을 거예요. 여러분도 그 일원이랍니다. 우주라는 드넓은 공간에서 무서운 부분과 아름다운 부분 모두 알아 나가면서 시야를 넓혀, 우리가 지구인이라는 사실과 오늘 하루가 커다란 기적이라는 사실을 새삼 깨닫기를 바라요.

※이 사진은 '창백한 푸른 점(Pale Blue Dot)'이라고 해요.

지구라는 별을 다시 보게 됐어.

어땠나요?

지구의 무서운 이야기는 여러분의 생각에 따라 얼마든지 달라질 수 있어요.

우주의 무서운 이야기는 연구가 더 많이 이루어지면 멋진 이야기로 바뀔 가능성이 있지요.

그 기대를 잊지 말고 앞으로도 많이 생각해 봅시다.

참고문헌

『空気がなくなる日』(ポプラ社) 岩倉政治 著
『眠れなくなるほど面白い 図解 宇宙の話』(日本文芸社) 渡部潤一 監修
『面白いほど宇宙がわかる15の言の葉』(小学館) 渡部潤一 著
『テクニカルノート「全地球凍結と巨大分子雲」』 藪下信 著

農林水産省『農業分野における気候変動・地球温暖化対策について』
農林水産省『農業生産における気候変動適応ガイド』
環境省『令和4年度 温泉利用状況』
資源エネルギー庁『令和4年度エネルギーに関する年次報告(エネルギー白書2023)』
環境省『2021年度温室効果ガス排出・吸収量(確報値)概要』
農林水産省『世界のかんがいの多様性 持続的な水使用と健全な水循環の形成に向けて』
国土交通省『令和5年版 日本の水資源の現況について』
ユニセフ『世界子供白書 2023』
環境省『令和3年度土壌汚染対策法の施行状況及び土壌汚染調査・対策事例等に関する調査結果について』
国連食糧農業機関『世界森林資源評価(FRA)』
水産庁『令和4年度 水産白書』
環境省『令和4年版 環境白書』
環境省『令和5年版 環境・循環型社会・生物多様性白書』
林野庁『令和4年度 森林・林業白書』

日本ユニセフ協会「SDGs CLUB」https://www.unicef.or.jp/kodomo/sdgs/
日本財団「小学生SDGsジャーナル」https://www.nippon-foundation.or.jp/journal/issue/sdgs
Gakken「学研キッズネット」https://kids.gakken.co.jp/
LINEヤフー「Yahoo!きっず」https://kids.yahoo.co.jp/
農林水産省「こどもそうだん」https://www.maff.go.jp/j/heya/kodomo_sodan/index.html
文部科学省・地震調査研究推進本部事務局「地震キッズ探検隊」https://www.kids.jishin.go.jp/index.html
環境省「ecojin エコジン」https://www.env.go.jp/guide/info/ecojin/index.html
環境省「自然環境・生物多様性」https://www.env.go.jp/nature/

環境省「我が国の食品ロスの発生量の推計値(令和3年度)の公表について」／環境省「食品ロスポータルサイト」／農林水産省「「食生活・ライフスタイル調査～令和3年度～」の結果公表について」／消費者庁「食品ロスについて知る・学ぶ」／新潟県「気候変動による新潟県への影響 データ集」／厚生労働省『新型コロナウイルス感染症に係わる世界の状況報告』(2023年4月20日)／日本ユネスコ協会連盟「世界遺産活動・未来遺産運動」／環境省「地球環境・国際環境協力」／国立環境研究所「気候変動の影響への適応に向けた将来展望」／北海道「北海道秋さけ漁獲速報(旬報)」／環境省 自然環境局「日本の外来種対策」／気象庁「過去に発生した火山災害」／国土技術研究センター「世界有数の火山国、日本」／全国地球温暖化防止活動推進センター「温暖化を知る」／環境省「地球温暖化対策」／国立環境研究所「日本の温室効果ガス排出量データ」／気象庁「世界の過去および将来の海面水位変化」／環境省「なんきょくキッズ」／長崎大学核兵器廃絶研究センター『世界の核弾頭データ 2023年版』／国際平和拠点ひろしま「核兵器のない世界へ向けて(ひろしまレポート2021年版小冊子)」／内閣府「防災情報のページ」／環境省「大気環境・自動車対策」／IUCN「絶滅危惧種レッドリスト」／WWF「資料室」／気象庁「海洋酸性化の知識」／環境省「砂漠化対策」／水産庁「藻場・干潟・サンゴ礁の保全」／環境省「レッドリスト・レッドデータブック」／環境省「里海ネット」／環境省「海洋生物多様性保全戦略」／環境省「生物多様性保全上重要な里地里山」

초판 인쇄일 2025년 5월 20일   초판 발행일 2025년 5월 27일

감수 아사오카 유키히코, 와타나베 준이치   번역 이정미
발행인 김영숙   신고번호 제2022-000078호   발행처 북장단
주소 (10881) 경기도 파주시 회동길 445-4(문발동 638) 408호
전화 031)955-9221~5   팩스 031)955-9220
인스타그램 @ddbeatbooks   메일 ddbeatbooks@gmail.com

기획·진행 박혜지   디자인 김보리   영업마케팅 김준범, 서지영
ISBN 979-11-988803-8-3   정가 13,000원

Original Japanese title: 50-NENGO NO CHIKYU TO UCHU NO KOWAI HANASHI
supervised by Yukihiko Asaoka, Junichi Watanabe
Copyright © 2024 kaihatsu-sha
Original Japanese edition published by KANZEN CORP.
Korean translation rights arranged with KANZEN CORP.
through The English Agency (Japan) Ltd. and Danny Hong Agency

* 북장단은 도서출판 혜지원의 임프린트입니다. 북장단은 소중한 원고의 투고를 항상 기다리고 있습니다.

이 책의 한국어판 저작권은 대니홍 에이전시를 통한 저작권사와의 독점 계약으로 북장단에 있습니다.
저작권법에 의해 한국 내에서 보호를 받는 저작물이므로 무단전재와 복제를 금합니다.
본문 중에 인용한 제품명은 각 개발사의 등록상표이며, 특허법과 저작권법 등에 의해 보호를 받고 있습니다.

1. 제조자	북장단	
2. 주소	경기도 파주시 회동길 445-4 408호	
3. 전화번호	031-955-9224	
4. 제조년월	2025년 5월 20일	
5. 제조국	대한민국	
6. 사용연령	8세 이상	

사용상 주의사항
• 종이에 긁히거나 손이 베이지 않도록 주의하세요.
• 제품을 입에 넣거나 빨지 않도록 주의하세요.
• KC마크는 이 제품이 공통안전기준에 적합하였음을 의미합니다.